리처드 보크 지음·기경민 옮김

서애향 드림

예수

© Richard Bauckham 2011

Jesus : A Very Short Introduction, First Edition
was originally published in English in 2011.
The translation is published by arrangement with
Oxford University Press.

Korea Translation © 2016 by Time Education, Inc.
Korean translation rights arranged with Oxford University Press
through EYA(Eric Yang Agency).

이 책의 한국어판 저작권은 EYA(에릭양 에이전시)를 통해
Oxford University Press와 맺은 독점계약에 따라 (주) 타임교육에 있습니다.
저작권법에 의하여 한국 내에서 보호를 받는 저작물이므로
무단전재와 복제를 금합니다.

예수

생애와 의미

리처드 보킨 지음·김경진·김경랍 옮김

비아

| 차례 |

서문 / 7

1. 예수: 보편적 상징 / 11

2. 자료들 / 21

3. 1세기 상황에서 바라본 예수 / 43

4. 하느님 나라 세우기 / 67

5. 하느님 나라를 가르침 / 105

6. 정체성에 관한 물음 / 155

7. 죽음과 새로운 시작 / 175

8. 그리스도교 신앙이 고백하는 예수 / 203

더 읽어보기 / 213

옮긴이의 말 / 223

그림 목록 / 234

찾아보기 / 235

일러두기

· 역자 주석의 경우 *표시를 해 두었습니다.

· 성서의 경우 『공동번역 개정판』(1999)을 사용하는 것을 원칙으로 했으나 '유
　다인'의 경우 다른 본문과 일관성을 위해 '유대인'으로 통일했으며 원문과 지
　나치게 차이가 있을 경우 대한성서공회판 『새번역』(1999)을 참고해 다듬었
　음을 밝힙니다.

이 책에서 나는

네 권의 복음서가 예수를 그려낸 방식을

진지하게 다루려고 노력했다.

예수라는 인물을 통해 어떤 일을 하고자 하든지,

그에 대해 충분히 알아두는 것은

분명 가치 있는 일이다.

| 서문 |

　예수에 관한 책을 쓰기란 쉬운 일이 아니다. 여러 세기 동안 수십억 인구가 그에게 헌신했고 지난 두 세기 동안 그를 두고 치열한 학문 연구와 토론이 이루어졌다. 이러한 인물을 공정하면서도 충분히 다룬다는 것은 불가능에 가깝다. 처음 이 책을 기획했을 때, 대부분의 독자가 기대하듯 나는 복음서가 다루는 역사적 예수historical Jesus에 집중하되 오늘날 예수에 관한 다양한 접근 방식과 그 결과물을 모두 담지는 않기로 했다. 물론 예수라는 인물에 접근하는 다양한 방식이 있다는 사실을 이 책을 읽는 이들이 알고 있기를 바란다. 내가 택한 접근 방식은 다른 방식들과 마찬가지로 논쟁적이다. 그러나 여러 접근 방식을 대략 불충분하게 말하기보다는 내가 이해한 예수를 충분하게 말하는 것이 최선이라고 생각한다. 나는 기본적으로 복음서가 예수가 살았던 1세기 맥락에서 예수의 역사를 기록한 책이라고 생각한다(여기서 '역사'란, 고대 세계 사람들이 기록했던 것과 같은 역사를 말한다). 또한 복음서의 기록 중 많은 부분이 예수가 살았던 때부터

서문 　| 　**7**

그를 알았던 목격자들의 증언에 기초하고 있다고 생각한다. 이러한 시각이 무엇에 근거하고 있는지는 2장 '자료들'에서 간단하게 다룰 것이다. 이 책은 오늘날 많은 학자가 역사적 예수를 설명하는 방식, 즉 복음서 자료에서 적은 양만을 택하여 '최소한의 예수'minimal Jesus를 재구성하는 방식을 따르지 않는다. 대신 이 책에서 나는 네 권의 복음서가 예수를 그려낸 방식을 진지하게 다루려고 노력했다. 이때 네 권의 복음서가 지닌 차이는 단점이 아닌 장점이 될 수 있다. 복잡한 한 인물에 관하여 한 가지 이상의 관점을 제공해 주기 때문이다. 나는 예수에 관한 모든 해석을 벗겨낸다고 해서 단순하고 명백한 사실(오늘날 우리가 안다면 별로 관심을 두지 않았을 사실들)이 드러난다고 생각하지 않는다. 그보다는 복음서를 통해 예수와 가까이 지냈던 이들, 예수와 관련된 사건을 곁에서 함께 겪고 거기에 깊은 영향을 받았던 이들이 예수를 인식한 방식에 접근하는 것이 온당할 것이다. 예수라는 인물을 통해 어떤 일을 하고자 하든지, 그에 대해 충분히 알아두는 것은 분명 가치 있는 일이다.

리처드 보컴

나자렛 예수, 혹은 예수 그리스도라 불리는 인물은

의심할 여지 없이 세계 역사상 가장 널리 알려졌고

가장 큰 영향력을 끼친 인물이다.

예수는 단 한 순간도

서양 문화와 종교에 갇혀있던 적이 없다.

역사상 어떤 인물도 예수만큼

이 세계를 갈라놓은 문화적 경계를 가로질러

다양한 문화 환경에 광범위하게 뿌리내리지 못했다.

제1장 / 예수: 보편적 상징

나자렛 예수(나사렛 예수), 혹은 예수 그리스도(그리스도교인들은
그를 이렇게 부른다)라 불리는 인물은 의심할 여지 없이 세계 역사
상 가장 널리 알려졌고 가장 큰 영향력을 끼친 인물이다. 오늘
날 20억 명이 자신을 그리스도교인으로 규정한다. 이러한 사실
은 많은 사람이 신과 관계 맺는 방식뿐 아니라 세상을 살아가는
방식에도 예수를 중심에 두고 있음을 뜻한다. 예수를 따르는 이
들은 점점 더 늘어나고 있으며, 과거 그 어느 때보다 세계 인구
에서 커다란 비중을 차지한다. 하루에 약 7만 명이 새롭게 예수
를 믿는 것으로 추정된다. 서양, 특히 서부 유럽에서 신자가 빠
르게 줄어들고 있음에도 전 세계적으로 볼 때 그리스도교는 성

장하고 있다. 예수 그리스도의 중요성이 점차 줄어든다고 생각하는 사람이라면 아프리카(아프리카에서 그리스도교가 성장할 것이라고 누가 생각했겠는가?)와 중국 등 세계 다른 지역에서 그리스도교 신자 수가 가파르게 증가하고 있다는 사실을 고려해야 할 것이다. 이제 예수는 서양 문화의 전유물이 아니다. 사실 그랬던 적도 없었다. 예수가 활동했던 곳은 중동이었으며 그리스도교 신앙은 태동한 뒤 수백 년 동안 전 세계로 퍼졌다. 그 시기에 이미 그리스, 로마, 프랑스, 스페인뿐 아니라 이집트와 북아프리카, 에티오피아, 터키, 아르메니아, 이라크, 페르시아, 인도에까지 그리스도교 신앙이 전해졌다. 유럽의 전유물이 되기 전에 이미 그리스도교는 세계 종교였다.

예수는 단 한 순간도 서양 종교와 문화에 갇혀있던 적이 없다. 역사상 어떤 인물도 예수만큼 이 세계를 갈라놓은 문화적 경계를 가로질러 다양한 문화 환경에 광범위하게 뿌리내리지 못했다. 기득권층이 자신들의 지배와 억압을 정당화하기 위해 예수의 이름을 사용했을 때 억압당하던 이들, 예를 들어 미국 남부 흑인들은 예수가 자신들과 함께한다는 믿음에 힘을 얻었고 불의에 저항했다. 현대 사회는 그리스도교를 너무나 쉽게 서구 제국주의나 식민주의와 동일시하고 그리스도교의 확산은 곧 서양 문화의 확산이라고 생각하지만 정작 예수는 이러한 것들과 철저하게 동떨어진 삶을 살았다. 언제, 어느 곳에 있든지, 그들이 누구인지 상관없이 가난한 자, 병든 자, 죽어가는 자와 함께하는 예수를 사람들은 발견하고 그에게 영감을 얻는다. 아프리카인 예수, 인디언 예수, 일본인 예수라는 표현은 이를 잘 보여준다.

예수는 심지어 그리스도교에만 한정되는 인물도 아니다. 이슬람교에서도 예수를 중요하게 여긴다. 꾸란은 그를 하느님의 사자使者로 기록한다. 많은 힌두교도와 불교 신자 역시 자신들의 종교 전통에 기대어 예수를 호의적으로 해석해 왔고 최근 몇몇 유대교 사상가들은 예수를 진정한 유대 랍비로 복권하려고 하기도 했다. 마르크스주의 관점으로 예수를 해석한 꽤 안목 높은 연구들도 있으며 뉴에이지의 견해를 가지고 예수를 해석한 사례도 있다. 세속화된 서구 사회는 교회를 비난하지만 예수만큼은 존경하는 태도가 남아있으며 종교가 편협성과 폭력을 조장하여 사회에 부정적인 영향을 미친다고 주장하는 이들조차 예수에게 그 책임을 묻지는 않는다. 영국이나 북유럽에서 눈을 돌려 미국을 살펴보면 여전히 많은 사람이 예수를 위해 자신의 삶을 헌신한다.

예술, 문학, 음악, 심지어 영화에 이르기까지 예수만큼 커다란 영감을 준 사람은 없다. 놀랄 만큼 다양한 전통이 각기 고유한 방식으로 예수를 형상화했다. 비잔틴과 러시아 이콘에서, 에 티오피아 교회에 있는 예술 작품, 서양 중세 시기에 만든 조각 들과 스테인드글라스, 르네상스 시대 작품들, 아프리카와 라틴 아메리카, 인도에 있는 그리스도교 예술 작품에서 예수의 모습 을 발견하기란 그리 어려운 일이 아니다. 이러한 작품들에서 예

1. 로마의 지하묘지(카타콤)에 그려진 예수의 얼굴 프레스코화, 4세기 경

수는 절대적이고 분명한 구원자, 혹은 주님으로 등장한다. 동시에 예수는 보편적인 인간을 상징하기도 한다. 무수한 문학 작품에서 예수를 본떠 만든 인물이 발견된다. 현대사에서는 예외적 참상을 묘사할 때 십자가형이라는 표현을 사용하기도 한다. 사람들은 흔히 특정 사건, 특정 인물을 접했을 때 예수를 떠올리는데 그를 떠올리게 하는 것들은 그만큼 충분한 '가족 유사성'family resemblance이 있다. 종교적인 신앙과는 별개로 예술 작품이나 문학 작품에서 성육신 교리의 흔적, 그리스도가 평범한 인간의 몸을 입고 모든 인류와 함께하며 인류가 겪는 고난을 나눈다는 의미를 발견하는 것 또한 어렵지 않다. 현대 유럽 대중문화는 예수를 완전히 잊어버렸으나 사람들은 여전히 예수 이야기를 들으며 그 이야기와 자신의 삶을 연결한다. 예수를 다룬 영화들은 나올 때마다 논란을 일으키지만 언제나 많은 관객을 동원한다. 예수를 소재로 한 뮤지컬도 마찬가지다.

이렇듯 간략하게 살펴보더라도 역사 속에서, 그리고 오늘날에도 예수에 관한 내용은 풍부하며 놀랄 만큼 다양함을 알 수 있다. 그렇다면 예수는 어떤 내용물도 담아낼 수 있는 빈 그릇에 불과한가? 예수를 그린 이미지 중에는 다른 것과는 너무나도 달라 매우 이상한 것도 있다. 예를 들어 1960년대 사해 사본을 연구하던 학자 존 알레그로John Allegros는 예수가 환각성 버섯을 인격화한 것이라고 주장했다. 그러나 비주류의 기이한 발상에서 나온 의견들은 계속해서 나왔다가 사라지고 이내 잊힌다. 이런 주장과는 다른 맥락에서, 많은 아프리카인이 그리는 흑인 그리스도는 어떻게 바라보아야 하는가? 이 문제를 적절하게 이해하기 위해서는 먼저 그들의 의도가 1세기 팔레스타인에서 살았던 유대인 예수가 사실은 아프리카 흑인이었다고 주장하는 것이 아님을 알아야 한다. 흑인 그리스도가 표현하는 것은 보편적인 구세주인 예수와 아프리카 흑인 사이의 연결고리다. 이 말은 그리스도가 모든 사람을 향한 사랑으로 자신을 드러낼 때 흑인들도 함께함을 의미한다.

흑인 그리스도의 예는 다양한 시기와 서로 다른 그리스도교 문화 환경에서 왜 그토록 다양한 예수 이미지가 생겨났는지를 조금은 설명해준다. 이런 이미지들은 다양한 환경에서 예수라는 인물을 느끼고 이해했던 사람들의 경험과 예수와의 연관성을 표현한다. 수난당하는 예수를 유난히 고통스럽고 피 흘리게 그려낸 중세 후기 묘사는 전염병과 전쟁으로 황폐해진 당시 사회의 모습을 반영한다. 당시 신자들은 그리스도를 보며 고통 가운데 찾아오신 하느님을 발견했다. 복음서가 예수를 수난당하고 극심한 고통 가운데 죽은 인물로 묘사하지 않았다면 이런 발상은 불가능하다. 적어도 주류 그리스도교 전통은 복음서에서 그리스도가 겪은 고통과 죽음에 관한 이미지들의 영감을 얻고 그 근거를 확보했다. 그들은 누구나 상상할 수 있거나 원했던 인물을 그려내지 않았다. 그들은 당대 신자들의 상황과 가장 밀접하게 연결된다고 느낀 복음서의 그리스도를 그렸다.

그리스도교 신앙의 관점에서 이러한 묘사는 위험할 수도 있다. 가령 나치 시대 독일인들이 만들어냈던 아리안 그리스도를 생각해보자. 몇몇 이미지들은 복음서에서 다루는 그리스도를 왜곡하여 예수의 모습을 알아볼 수 없게 만들어 버린다. 이러한 이미지들은 복음서와는 전혀 다른 내용을 덧입혀 예수를 왜곡한 이데올로기적 오용의 결과다. 그러한 면에서 복음서는 언제나 예수의 모습을 제공하는 원천일 뿐 아니라 예수에 관한 이미지들을 판단하는 기준이 되어왔다. 예수에 대해 어떻게 묘사하더라도 복음서가 묘사하는 복잡하고도 깊은 예수의 모습 중 한 측면만을 담아낼 수밖에 없다. 이 때문에 그리스도교인들은 끊임없이 복음서로 돌아가 그 안에 담긴 풍부한 이야기와 말에서 자신의 생각을 길어 올렸다.

결론적으로 신약성서에 수록된 네 권의 복음서는 직간접적으로 교회 안팎에서 생겨난 거의 모든 예수 이미지에 영감을 주었다. 이 점에서 복음서로 돌아가 실제 역사에서 활동한 예수의 모습을 찾아내려는 이 책의 기획은 온당하다. 이 지점에서 우리

예수: 보편적 상징 | **17**

는 또 다른 현상, 지난 두 세기 동안 학문 영역에서 진행되어 온 '역사적 예수 탐구'quest of the historical Jesus를 마주하게 된다. 많은 학자는 역사에서 활동한 예수의 모습을 복음서에서 이끌어내지 않았다. 그들은 복음서 이면에 있는 역사를 발굴하려 했고 복음서가 전하는 내용 중에서는 자신들이 생각할 때 역사적으로 타당성이 있다고 판단한 자료만을 가지고 예수의 실제 모습을 재구성하려 했다. 이 점에 관해서는 다음 장에서 본격적으로 살펴볼 것이다.

예수에 대해 어떻게 묘사하더라도
복음서가 묘사하는 복잡하고도 깊은 예수의 모습 중
한 측면만을 담아낼 수밖에 없다.
이 때문에 그리스도교인들은
끊임없이 복음서로 돌아가 그 안에 담긴
풍부한 이야기와 말에서 자신의 생각을 길어 올렸다.

사복음서는 증명할 수 있는,

실제 역사 맥락에 예수 이야기를 놓는다.

사복음서는 AD 1세기 초반,

팔레스타인 유대 세계에 속해있던

인간 예수를 증언한다.

제2장 / 자료들

이 책은 신약성서에 속한 사복음서가 예수에 관해 상당히 많은 것을 알고 있으며 역사적으로 신뢰할 만한 자료라고 판단한다. 나는 이러한 견해를 바탕으로 예수 이야기를 펼쳐나갈 것이다. 많은 학자는 자료로서 복음서의 역사적 신뢰도를 의심한다. 이번 장에서는 왜 그러한 의심이 잘못되었는지 살펴보겠다. 본격적으로 예수 이야기를 하기 전에 디저트를 맛본다는 기분으로 읽어주었으면 한다. 일반 독자들은 복음서가 지닌 역사적 신뢰도 논쟁에 관한 세부 논의를 미처 알지 못할 수도 있다. 그러나 충분한 설명을 듣고 나면 어떤 주장이 더 일관성 있고 설득력 있게 예수의 삶을 설명하는지 판단할 수 있을 거라 믿는다.

역사는 사실들을 단순히 모아놓는다고 해서 이루어지지 않으며 해석을 통해 구성된다. 일반 독자도 이 점은 알 수 있다. 예수의 삶을 다룬 현존 최고最古의 자료 역시 이미 해석된 자료다. 그렇지 않을 가능성은 없다. 예수를 처음 알았던 사람, 예수에 관해 사람들에게 처음으로 이야기한 사람조차 이미 자기 나름대로 예수에 관해 해석했다. 우리가 누군가에 대해 말하는 순간 우리는 이미 그 사람을 해석하는 과정을 거쳤다고 봐야 한다. 그러나 이 말이 모든 역사는 해석의 과정이기에 좋은 역사와 나쁜 역사의 차이는 없다거나 모든 해석이 정당화될 수 있음을 의미하지는 않는다. 신문기사만 보더라도 신중하고 정확한 조사를 바탕으로 작성한 신문기사와 단편적인 원인만 나열하거나 선입견으로 가득 차 있고 선정적이며 사실을 왜곡하는 신문기사 사이에 차이가 있다는 것을 우리는 안다. 좋은 기사라 해도 기자가 특정 사실을 자기 나름대로 이해해 정리했기에 나름의 해석이 담기지만, 그럼에도 우리는 그가 숙련된 기술을 바탕으로 증거를 적절하게 다루어 정직하고 현명하게 그 사실을 설명하고 있음을 신뢰할 수 있다.

사복음서와 다른 복음서들

많은 현대 서구인이 신약성서의 사복음서를 예수에 관한 정보를 얻을 수 있는 자료로 신뢰할 수 없다고 생각한다. 대신 그들은 사복음서와는 사뭇 다른 방식으로 예수를 묘사한 자료들이 더 신뢰할 만한 정보를 제공한다고 생각한다. 댄 브라운Dan Brown이 이러한 견해를 처음으로 밝힌 이는 아니지만 그가 쓴 세계적 베스트셀러 『다 빈치 코드』Da Vinci Code는 사람들이 이러한 생각을 갖는 데 일조했다. 많은 이가 한 번도 사복음서를 읽어보지 않은 채 이른바 '영지주의 복음서'Gnostic Gospels가 예수에 관한 진실을 간직하고 있다고 생각한다.

영지주의 복음서가 세상에 알려지게 된 건 1945년과 1946년에 걸쳐 이집트 나그함마디에서 여러 문헌이 발견되면서부터다. 영지주의라는 말로 느슨하게 묶여있긴 하지만 이 문헌들과 세상에 이미 있는 복음서 관련 문헌 중에는 신약성서에 있는 사복음서와 유사하면서도 다르게 분류해야 할 문헌도 있다. 이런 복음서들은 현재 단편으로만 남아있다. 이 장에서는 마리아, 토마(도마), 유다, 그리고 다른 이들의 이름이 붙은 영지주의 복음서의 사료로서의 가치에 대해 언급한 뒤 사복음서, 즉 마태오(마태), 마르코(마가), 루가(누가), 요한의 복음서에 관해 개론적인 내용을 제시하고자 한다. 이러한 논의를 살피면서 독자들은 유용

자료들 | **23**

하게 둘을 비교하고 대조해볼 수 있을 것이다.

먼저 각 책이 어떠한 책인지 살펴보자. 장르 면에서 사복음서와 영지주의 복음서는 다른 류에 속한다. 사복음서는 역사적 인물 예수의 내러티브를 연속적으로 다룬다. 이 이야기는 예수의 공적 활동, 혹은 그의 탄생부터 시작해 로마 제국에게 십자가형을 받아 죽임을 당하기까지 삶이 언급되며 그의 빈 무덤을 발견하거나, 혹은 죽음 이후 그가 다시 나타나는 데서 내용이 끝난다. 이 전체 내러티브 구조에 예수가 활동한 이야기, 그가 전한 가르침들이 들어 있다(여기에는 대중을 상대로 한 이야기도 있고, 제자들에게만 전한 내용도 있다). 초기 독자들이나 복음서에 담긴 내용을 처음 들었던 사람들은 아마도 사복음서를 유명한 인물의 삶을 다룬 전기biography로 이해했을 것이다(고대 시대 전기 양식은 오늘날 전기 양식과는 다소 차이가 있음을 염두에 두어야 한다).

영지주의 복음서는 사복음서와 다르다. 영지주의 복음서는 내러티브 구조가 희박하거나 조금만 나오며 예수의 삶을 역사적 측면으로는 잘 다루지 않는다. 배경은 예수 부활 이후이며 대부분의 내용을 긴 담화나 대화를 통해 부활한 예수가 제자들(혹은 제자 중에서도 소수, 혹은 한 사람)에게 가르치는 장면을 그리는 데 할애한다. 이러한 담화, 대화는 '계시 담화'revelation discourses라고 부를 수 있다. 영지주의 복음서 중 대부분은 인류 구원에 대한 영지주의 신화를 직접 말하거나 암시한다. 영지주의 신화에 따르면 악한 의도를 가진 반신半神이 물질세계를 창조했는데, 그는 세상을 엉망으로 만들어놓았다. 예수는 알려지지 않은 더 높은 신, 성부 하느님이 파견한 초자연적 특사다. 그는 영지주의자들을 깨우치기 위해 이 땅에 왔는데 영지주의자들은 이 물질세계에 갇혀있지만 실제로는 성부 하느님과 그의 초월적인 세계에 속한 사람들이다. 영지주의자들은 예수가 자신의 진정한 정체성을 알려주는 지식을 갖고 왔다고 생각했다. 그들은 진정한 의미에서 '인간' 그리스도를 믿지 않았다. 그들은 예수가 단지 이 세상에 나타나기 위해 인간의 형체를 입었을 뿐이라고 생각했다. 단적인 예로 영지주의자들은 예수가 죽지 않았다고 생각했다. 그들의 관심은 역사에서 활동한 인간 예수가 아니라 오직 말로 된 계시에 있었다. 사복음서가 특정한 시공간에 살았던 실제 인간의 삶을 풍부하고도 상세하게 묘사하는 것과는 대조적으로, 영지주의 복음서는 예수를 완전히 신화적인 인물로 추상화했다.

그럼에도 영지주의 복음서가 부활 이전의 예수 이야기들과 예수가 전한 말들이 이미 널리 알려졌다고 전제한다는 사실은 중요하다. 다만 영지주의자들은 예수가 생전에 전한, 널리 알려진 가르침들이 대중을 겨냥했다는 이유로 열등하게 보았거나 혹은 가르침에 담긴 진정한 의미, 혹은 비밀스러운 의미가 드러나지 않았다고 여겼다. 영지주의 복음서의 저자들은 예수의 진정한 메시지와 신비로운 가르침들이 AD 2세기 영지주의 교사들에게 은밀하게 전달되었고, 자신들이 이를 잘 보도하고 있다고 믿었다. 영지주의 복음서는 예수가 부활 이후 제자들을 가르쳤다는 사실을 활용하여 기존의 예수 이야기들에 자신들의 가르침을 끼워 넣었다. 사복음서는 부활 이후 예수가 제자들을 가르치면서 무엇을 말했는지는 충분히 보도하지 않는다. 후대 필사자들은 이를 더 많은 가르침을 예수의 것으로 돌리는 좋은 기회로 삼았다. 그 내용을 제자들에게만 한정된, 특별한 비밀과 같은 것으로 묘사하고자 할 때면 더욱 그러했다. 이렇듯 영지주의 복음서는 애초에 덧붙이기 위해서 만들어진 문헌들이다. 영지주의 복음서는 시간적으로나 논리적으로나 사복음서 이후에 생겨났다.

사복음서가 예수 이야기를 구약성서에 나오는 이스라엘 민족 이야기와 밀접하게 연결하고 있다는 사실 또한 사복음서와 영지주의 복음서의 커다란 차이점이다. 예수는 이스라엘의 하느님을 자신의 아버지라 부르며, 이스라엘 민족과 자신을 강력하게 동일시한다. 사복음서는 예수를 이스라엘을 위한 메시아이면서 유대인이 아닌 민족들을 위한 메시아이기도 하다고 말한다. 반면 영지주의 복음서들은 이스라엘 이야기와 예수를 날카롭게 분리한다. 여기에는 나름의 이유가 있는데 영지주의자들에게 구약성서가 그리는 하느님은 물질세계를 만들어낸 열등한 창조주일 뿐이기 때문이다. 그들은 진정한 최고의 신, 예수를 보내어 자신들을 깨우친 그 하느님은 구약성서에는 알려지지 않았다고 믿었다. 이러한 이유로 영지주의 복음서에는 사복음서에서 명백하게 인정하는 유대인 예수의 면모가 드러나지 않는다.

이러한 차이들을 살펴볼 때 가장 중요한 점은 영지주의 복음서가 예수를 실제 역사라는 맥락에 위치시키려는 시도를 거의 하지 않는다는 것이다. 몇 차례 이런 시도를 하는 부분이 있지만 이는 명백하게 사복음서에서 파생되었으며 일부는 잘못되었다. 반면 사복음서는 증명할 수 있는, 실제 역사 맥락에 예수 이야기를 놓는다. 사복음서는 AD 1세기 초반, 팔레스타인 유대 세계에 속해있던 인간 예수를 증언한다. 사복음서에 등장하는 예수는 당시 종교 관습과 규칙, 당파들과 그들의 신념, 종교 지도자들과 정치 지도자들, 불안정한 방식으로 이어졌던 로마의 지배에 관해 알고 있었다. 심지어는 당시 농사법도 알고 있었다. 사복음서는 철저하게 시간과 장소에 속해 있던, 역사적으로 신뢰할 만한 예수의 모습을 제시한다. 사복음서 기록들은 좋은 역사 문헌으로 평가받을 수 있는 모든 요소를 갖추고 있다. 영지주의 복음서는 그렇지 않다.

어떤 이들은 나그함마디에서 발견된 복음서 중 하나, 토마의 복음서만을 역사적으로 유의미한 자료로 간주해야 한다고 말하며 실제로 몇몇 학자들은 이 문헌을 중요하게 다룬다. 비록 다른 문헌과 견주었을 때 역사적 문맥을 조금은 담고 있으나 토마의 복음서는 예수의 어록을 모아둔 모음집이며 어록 중 상당수가 사복음서에 담긴 어록과 유사하다. 하지만 토마의 복음서는 이미 알려진 예수의 말 중에 영지주의적인 방식으로 해석할 수 있는 것만 취합해 놓은 모음집으로 보는 것이 적절하다. 이 문헌이 사복음서에 담긴 예수의 말들만 추려 독립적으로 전달하는 기능은 할 수 있을지 모르나 역사 자료로서 가치는 매우 불확실하다.

사복음서는 좋은 자료인가?

'예수에 관한 전승, 곧 예수에 관한 이야기와 그가 전한 가르침은 어떠한 과정을 통해 복음서 저자들에게 전달되었는가?' 사복음서의 역사적 가치를 평가하는 핵심 물음은 바로 이것이다. 몇몇 학자는 AD 27년 혹은 33년을 주장하지만, 예수는 아마도 AD 30년에 죽었을 것이다. 많은 이가 사복음서 중 가장 이른

시기에 집필되었다고 생각하는 마르코의 복음서(마가복음)는 AD 65~75년 어간에 기록된 것으로 추정한다. 마태오의 복음서(마태복음)와 루가의 복음서(누가복음)는 그보다는 조금 더 늦게 기록되었을 것이다. 네 권의 복음서 중 가장 늦게 기록된(혹은 완성된) 것이 거의 확실한 요한의 복음서(요한복음)는 AD 90~100년 사이에 기록된 것으로 추정된다. 대다수 학자는 마태오와 루가가 마르코의 복음서를 주된 자료로 사용해 복음서를 기록했다고 본다. 물론 마태오와 루가는 다른 자료도 광범위하게 활용했다.

예수가 활동한 시기와 복음서의 기록 연대 사이에는 수십 년이라는 세월이 놓여있다. 그동안 예수 전승에는 무슨 일이 일어났던 것일까? 20세기 초반, 소수의 저명한 양식비평form criticism 학자들이 이 물음에 하나의 답을 내놓았다. 그들의 답이 지난 한 세기 동안 복음서 연구 동향을 지배했다. 그러나 양식비평은 복음서 주류 연구 동향을 잘못된 길로 이끌었다. 최근 들어서야 많은 학자가 양식비평의 오류를 바로잡는 일에 진지하게 참여하기 시작했다.

양식비평 기저에는 복음서가 구전 전승oral tradition에서 비롯한 민속 문학folk literature이라는 확신이 깔려있다. 양식비평 학자들은 복음서를 당시 민속학 연구자들이 내놓은 연구 결과들과 비교해 읽었다. 그들은 구전 전승이 특정 개인이 아닌 민중에 의해

자료들 | **29**

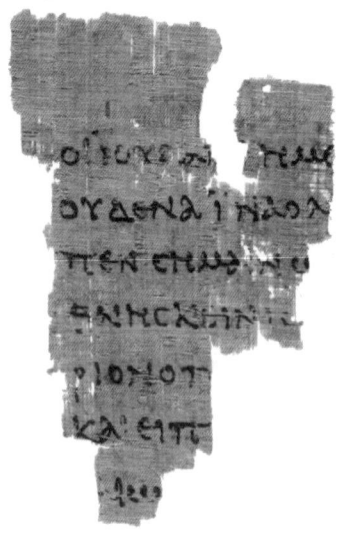

2. 가장 오래된 복음서 사본. 요한의 복음서의 파편이다. AD 110년경

형성되고 전달된다고 생각했다. 또한 민간 전승을 중시한 당시 공동체들은 역사성에 관심을 두지 않았다고 판단했다. 그들은 유비 추론으로 예수 전승 또한 익명의 공동체에서 비롯했다고 생각했고 이것이 초대 그리스도교 공동체까지 전해졌다고 보았 다. 예수 전승이 예수의 일생을 실제 목격했던 사람들, 특정한 개인들을 통해 전해졌다고는 생각하지 않았다. 과거 역사와 실 제 연관된 이들이 아닌, 오직 현재 공동체 상황에만 관심이 있 는 이들이 예수 전승을 전달했다고 간주한 것이다. 또한 양식비

평 학자들은 공동체가 자신들의 필요에 따라 예수 전승을 자유롭게 수정하거나 심지어는 새롭게 창조하기도 했다고 믿었다.

이러한 방식으로 복음서 저자들이 예수 전승을 다루었다는 판단 때문에 사복음서는 실제 역사에서 활동한 예수의 삶을 말해주는 역사 자료로 받아들여지지 않게 되었다. 몇몇 학자가 전승이 구전으로 전해질 때 정보를 더욱 정확하게 보존할 수 있다고 주장하긴 했지만 보다 많은 이는 복음서의 상당 부분이 실제 예수에 관한 이야기라기보다는 초대 교회의 산물이라고 생각했다. 두 경우 모두 사복음서가 그리는 예수(혹은 사복음서의 예수'들')가 이른바 역사적 예수, 1세기 유대 팔레스타인 땅에서 살았던 예수의 모습과 완전히 일치한다고는 생각하지 않았다. 역사적 예수의 삶을 복원하는 것은 점차 어려워졌으며 복음서에 있는 이야기와 말은 개별적으로 그 진위를 검증받아야 했다. 학자들은 복음서에 있는 내용 중 무엇이 진짜고 무엇이 가짜인지 가려내기 위해 열띤 토론을 벌였고 다양한 기준을 고안해 냈다.

그러나 결과는 실망스러웠다. 결국 학자들은 하나의 예수가 아니라, 서로 다른 역사적 예수'들'을 제시하는 데 그쳤다. 최근 출간된 어느 책은 '역사적 예수 탐구'에서 제안한 예수의 모습을 열거해 놓았다.

종말론적 예언자, 갈릴래아(갈릴리)의 성자, 주술사, 혁신적인 랍비, 황홀경을 일으키는 심리치료사, 유대인 현자, 정치 혁명가, 에세네 일파, 떠돌아다녔던 축귀자, 역사화 된 신화 속 인물, 해방신학자의 원형, 소작농이었던 목수, 모세 오경을 준수하는 바리사이인(바리새인), 유사 견유학파 철학자, 자칭 종말론적 대리인, 사회경제 개혁가, 역설적으로 자신을 메시아라고 주장했던 사람, 그리고 … 자기 자신이 야훼 하느님의 화신이라고 믿었던 사람.

이 중 어떤 제안은 다른 제안보다 타당한 것도 있고 각각의 제안이 서로 완전히 충돌하지도 않는다. 그러나 양식비평이 전제한 바를 따라 나온 '역사적 예수 탐구'의 다양한 결과물은 대체로 역사적 차원에서 방법론의 신뢰도가 떨어진다.

　가장 큰 문제점은 복음서에 있는 이야기와 말이 개별적으로 그 진위를 검증받아야 한다는 점에 있다. 대부분 이를 적절하게 해낼 수 있는 수단은 갖추어져 있지 않다. 학자들은 자기 나름대로 진정성이 있다고 생각하는 자료를 추리고 이를 바탕으로 역사적 예수의 모습을 구성해 왔다. 그 선택은 종종 자의적이었다. 학자 본인의 성향이 예수에 대한 생각에 반영되고 이러한 생각이 진정성 있는 자료를 선택하는 데 기준이 되는 악순환이 발생했다. 그 결과 제시되는 예수의 모습은 단편적일 수밖에 없다. 이와 대조적으로 복음서가 제시하는 예수의 모습은 풍부하고도 복잡하다.

이 교착상태를 넘어설 방법은 없을까? 다행스럽게도, 최근 신약학계는 양식비평의 몇 가지 중심 생각을 강도 높게 비판하고 있다. 이제 우리는 양식비평이 전제하는 바를 당연하게 받아들일 필요가 없다. 예를 들어 양식비평이 사용한 구전 전승 모형은 유럽 민간 설화가 수 세기에 걸쳐 이름 없는 사람들에 의해 전달된 사례에 기반을 두고 있다. 그러나 전 세계 수많은 사회에서 이루어진 구전 전승이 알려지면서 양식비평이 전제하는 바가 언제나 옳지는 않다는 사실이 밝혀졌다. 구전 전승의 형태는 매우 다양하므로 이를 일반화하기란 어렵다. 게다가 복음서는 예수 사건을 목격한 이들이 살아있는 동안 기록되었으므로 그 성격상 구전 전승이라기보다는 구전 역사oral history로 봐야 한다. 사복음서 저자들은 고대 세계 훌륭한 역사가들이 그랬듯 사건을 목격한 이들과 면담한 뒤 그들의 증언을 저술에 반영했다.

양식비평에 대안을 제시한다면 그 핵심은 목격자들의 존재에 있다. 모든 학자는 복음서 전승을 본래 예수의 제자들이나 예수를 만났던 사람들, 예수 사건을 목격한 사람들, 예수의 가르침을 기억한 이들이 만들어 나갔다는 것에 동의한다. 하지만 양

자료들 | **33**

식비평 학자들은 저 일차 목격자들이 이후에 즉시 배제되고, 초대 교회에 속한 익명의 사람들이 모아놓은 모음집들이 구전 전승을 통제했다고, 그리하여 자신이 속한 공동체의 필요에 맞게 이를 얼마간 조정했다고 말한다. 그러나 이러한 주장은 신뢰도가 떨어진다. 구전 전승이 생긴 후에도 일차 목격자들이 여전히 살아있었기 때문이다. 목격자 중 많은 이가 초대 그리스도교 운동에서 중요한 역할을 감당했다. 그들은 예수 전승의 권위 있는 원천이자 수호자들로 남아있었을 것이다. 다른 구전 사회에서도 일반적으로 목격자들은 이와 같은 역할을 수행한다. 복음서 저자들은 이 목격자들에게 복음서 집필에 사용할 자료들을 얻었을 것이다.

예수 전승이 수많은 경로를 거쳐 복음서 저자들에게 전달되었을 거라 가정할 필요는 없다. 복음서 저자들이 직접 목격자들에게 자료를 전달받았을 가능성이 충분하기 때문이다. 한 사람의 중개인을 거쳐 구전 자료 또는 기록된 자료를 넘겨받았을 가능성도 있다. 루가의 복음서 서문은 이러한 사실을 암시한다. 루가는 "처음부터 말씀의 목격자요 전파자가 된 이들이 우리에게 전하여 준 대로" 사건들을 기록했다고 말한다. 복음서가 쓰인 연대에 대한 개연성 있는 연구들을 고려하면(복음서 기록이 완료된 시기와 전승 수집 시기가 그리 차이 나지 않을 거라는 주장 또한 일리가 있다), 목격자들이 기록하고 난 뒤 그리 멀지 않은 시기에 복음서가 기록되었다는 주장은 전적으로 타당하다. 복음서 기록 연대를 고려하면 목격자들이 나이가 들어 죽음에 이르렀을 때 그들의 권위 있는 증언을 문서로 남겨야 할 필요가 있어서 복음서를 기록했다는 주장 또한 그럴듯하게 들린다. 특히 복음서 저자 중 한 명인 요한은 일차적으로 자신이 목격자이며 평생 예수에 대한 기억을 간직하며 살다가 죽기 직전에 복음서를 집필했다고 나는 생각한다.

사복음서가 목격자들이 만든 자료에 기반을 두고 있음을 전제하고 복음서를 읽으면 때때로 복음서 본문에 목격자들의 출처가 암시된다는 것을 발견할 수 있다. 특정 이야기에서 구체적인 사람 이름이 등장하는 것은 그러한 암시의 일부다. 이는 또한 복음서의 기원과 복음서 저자 문제와 관련해 초대 교회 때부터 내려오는 전승을 좀 더 진지하게 다루게 해준다. 양식비평이 등장하기 이전에 학자들은 초대 교회 전승을 진지하게 다루었으나 양식비평은 이 전승이 자신들의 복음서 형성 모델에 맞지 않는다는 이유로 묵살해 버렸다. 복음서 문제와 관련한 초대 교회 전승 중 가장 오래된 것은 2세기 히에라폴리스의 주교였던 파피아스Papias의 기록 중 파편에(안타깝게도 오늘날 우리가 갖고 있는 것은 파편뿐이다) 남아있다. 파피아스는 마르코가 베드로의 통

자료들 | **35**

역사였으며(그는 베드로가 사용했던 아람어를 헬라어(그리스어)나 라틴어로 번역했던 것 같다) 마르코 복음서가 베드로의 증언에 기초하고 있다고 썼다. 나는 마르코의 복음서를 면밀히 살폈을 때 거기서 베드로의 위치와 역할을 확인한다면 파피아스의 기록을 확증할 수 있다고 주장해 왔다. 마르코의 복음서가 베드로와 밀접한 관련이 있다면 마태오와 루가가 기본 자료로 활용하여 대부분의 내용을 채택할 정도로 마르코의 복음서에 커다란 가치를 두었다는 사실도 납득할 수 있게 된다.

『예수와 그 목격자들』Jesus and the Eyewitnesses: The Gospels as Eyewitness Testimony에서 나는 복음서의 상당 부분을 목격자들의 증언으로 여겨야 한다는 주장을 뒷받침하는 모든 근거를 제시했다. 그에 대해 한 마디만 하다면 말로 된 증언이 중요하다는 것이다. 복음서의 내용을 제공한 목격자들은 다른 관찰자들에게도 관심 대상이었다. 그들은 후대 사람들이 회상하고 이야기하던 사건들에 직접 관련된 이들이기 때문이다. 목격자들은 예수 이야기에 참여했던 사람들이었다. 목격자들과 복음서 저자들은 사람들에게 예수 이야기가 인류 구원에 얼마나 중요한지 친절하게 설명해주었다. 나아가 그들은 예수를 알리거나 예수에 대한 신앙심을 불러일으키기 위해 사람들에게 이야기를 전했다. 이러한 사실이 역사 자료로서 복음서의 자격을 박탈하지는 않는다.

앞서 이야기했지만, 복음서를 문학 장르로 가장 잘 분류하는 방법은 복음서를 전기로 이해하는 것이다. 좀 더 구체적으로 말하자면 복음서는 (전기 양식이 그러하듯) 목격자들의 증언에 바탕을 둔 동시대 인물에 대한 전기라고 할 수 있다. 일반적으로 전기는 사람들의 의식을 고양하거나 영감을 불어넣어 주기 위해 쓰인다. 이때 전기가 다루는 대상은 다른 이들이 본받아야 할 도덕적 예시다. 철학자의 삶을 다룬 전기라면 그의 철학을 본받기를 권하기 위해 쓰였을 것이다. 복음서는 흔치 않은 메시지를 전하고자 했지만, 그 책들이 분명한 메시지를 가지고 있다는 점만큼은 확실하다. 물론 역사는 해석될 수밖에 없다. 그러나 해석될 수밖에 없는 것은 분명히 역사다. 게다가 목격자들의 증언은 고대 역사가들이 가치 있다고 여겼던 종류의 증거였다. 고대 역사가들은 어떤 일에 관련된 자들의 증언, 내부 입장에서 어떤 사건의 진실을 전달할 수 있는 증언을 귀하게 여겼다.

목격자들의 증언을 이렇게 분류한다면 복음서에 담긴 내용이 어떠한 성격을 지닌 기록인지 쉽게 분간할 수 있다. 복음서에 담긴 내용은 예수 사건을 목격한 이들에게 그 연원을 두고 있으며 그들에게 커다란 영향을 받았다. 목격자들의 기억과 그들이 말하는 이야기에는 사실과 의미가 분간할 수 없을 만큼 뒤섞여 있었다. 그들에게 예수 이야기는 자신들의 삶을 변화시킨 사건,

다른 사람에게도 알려야 한다고 생각하게 만든 사건이었다. 예수는 그들에게 엄청난 충격을 가져다준 인물이었다. 그들은 예수의 가르침을 기억하고 예수에 관한 이야기를 함으로써 자신들이 받은 충격을 전하고자 했다.

이는 모든 복음서의 증언을 비판 없이 받아들여야 한다는 말이 아니다. 복음서에 있는 각각의 말과 이야기의 진정성을 평가하려 한 역사적 예수 연구자들의 시도가 완전히 잘못되었다는 뜻도 아니다. 그러나 일반적으로 역사가들은 역사적 예수 연구자들과는 다른 방식으로 증거를 판별한다. 역사가들은 특정 자료를 대할 때 먼저 그 자료를 신뢰할 수 있는지 없는지를 따진다. 예를 들어, 오랜 기간에 걸쳐 일어난 사건들을 목격한 사람이 보도한 내용을 조목조목 뜯어 진위를 확인하기는 어렵다. 우리가 할 수 있는 일은 증언하는 사람이 대체로 신뢰할 만한 지를 판별하는 것이다. 복음서를 대할 때도 이러한 방식을 취해야 한다. 가령 마르코의 복음서가 좋은 자료(베드로의 증언)에서 비롯되었음을 신뢰할 수 있다면 우리는 이렇게 물어야 한다. 복음서에서 (주요 정보원으로서) 베드로와 (베드로의 증언을 보존한 저자로서) 마르코는 신뢰할 만한 모습으로 나타나는가?

이 물음에 답하기 위해서는 1세기 초반 유대 팔레스타인에 관한 지식을 활용해 마르코의 복음서가 그 당시 상황과 맞는지 판별해야 한다. 최근 몇십 년 동안 축적된 고고학 연구와 사해 문서, 그리고 당대의 다른 유대교 문헌 덕분에 예수 당시 정황에 대한 지식은 상당히 증가했다. 복음서는 이야기의 배경으로 설정된 사회의 모습을 제대로 반영하고 있는가? 당대 사회의 여러 측면을 다룬 복음서의 세밀한 묘사들은 정확한가? 그들이 그려내는 예수의 모습은 당대 사회 맥락에 들어맞는가? 이러한 질문들은 적절하다. 유대인들은 로마에 항거해 AD 66년 폭동을 일으켰고 70년 예루살렘 성전이 파괴되면서 진압되었는데 이 사건 이후 유대 팔레스타인은 상당한 변화를 겪었다. 좋은 목격자 증언이라면 예수를 언급하는 시기에 갈릴래아와 유대 상황이 어떠했는지 그 기억을 보존하고 있어야 한다. 사복음서는 모두 이 조건을 충족한다. 물론, 이와 관련해 좀 더 상세히 살펴보아야 할 것들이 여전히 남아 있다. 다음 장에서는 논의를 예비하는 차원에서 예수가 살았던 1세기 상황을 개략적으로 다룰 것이다. 이를 통해 복음서의 증언과 당시의 상황이 들어맞는 몇 가지 지점을 발견하게 될 것이다.

다음 장에서는 예수에 관한 내 생각을 말하기 위해 사복음서의 모든 내용을 자유롭게 인용할 것이다. 물론 나는 복음서를 사려 깊게 읽은 독자라면 누구나 발견하는 사실, 즉 요한의 복음서가 다른 세 복음서(마르코와 마태오, 루가는 상대적으로 유사한 부분이 많으므로 이를 한데 모아 공관복음이라 칭한다)와 다소 다른 종류의 문서라는 점을 무시하지 않는다. 그러나 나는 예수 사건들과 관련해 요한의 복음서에 담긴 기록을 높게 평가하는 편이다. 부분적으로나마, 연대기나 지리와 관련해 요한의 복음서는 공관복음에 비할 수 없을 만큼 정확하고 정밀하기 때문이다. 나는 요한이 신학적인 목적으로 예수와 관련된 일화를 꾸며냈다고 생각하지 않는다. 요한의 복음서 또한 그 목적은 역사적인 인물인 예수에 관한 이야기를 진솔하게 전하는 데 있다. 나는 요한의 복음서가 다른 복음서들보다 해석이 조금 더 가미된 책일 뿐이라고 생각한다. 물론 요한의 복음서에 등장하는 예수 담화를 다룰 때 좀 더 신중하게 접근할 필요는 있다. 공관복음에 기록된 예수의 말들은 보통 제자들이 배우고 기억한 대로 보존되었기에 해석을 덧입힌다는 목적 아래 이야기가 달라지거나 확장되는 일은 매우 드물다. 반면 요한은 고대 역사가들에게 일반적으로 허용된 방식을 활용해 자기 생각을 예수가 했음 직한 말로 돌려서 기록한 듯하며, 그렇기에 요한의 복음서에 있는 예수 담화들에는 전승으로 내려온 말에 요한이 자신의 해석을 넣어 확장한 흔적이 남아있다. 이러한 특성을 고려할 때 요한의 복음서는 때때로 공관복음과는 다른 방식으로 특정 주제를 다루었다고 말할 수 있다.

목격자 중 많은 이가

초대 그리스도교 운동에서 중요한 역할을 감당했다.

그들은 예수 전승의 권위 있는 원천이자

수호자들로 남아있었을 것이다.

다른 구전 사회에서도 일반적으로

목격자들은 이와 같은 역할을 수행한다.

복음서 저자들은 이 목격자들에게

복음서 집필에 사용할 자료들을

얻었을 것이다.

예수는

갈릴래아의 별 볼 일 없는 촌락

나자렛에서 자랐다.

제3장 / 1세기 상황에서
바라본 예수

운 좋게도 우리는 예수가 살았던 1세기 유대 팔레스타인 상
황에 관해 상당한 정보를 갖고 있다. 몇몇 증거와 이와 관련된
해석에는 논란의 여지가 있지만, 전반적으로 복음서가 예수에
관해 증언하며 배경으로 설정된 세계를 꽤 정확하게 재구성할
수 있다. 복음서가 여러 곳에서 묘사한 내용은 예수 활동 당시
종교 · 정치 · 문화적 상황을 다룬 여러 문헌에 담긴 정보와 일
치한다. 이러한 사실은 복음서의 역사적 신뢰도를 높게 평가할
수 있는 분명한 이유다.

정치·종교적 상황

BC 63년, 당시 팽창하던 로마 제국은 유대 팔레스타인 지역을 점령했다. 폼페이우스 장군은 예루살렘을 점령한 뒤 곧바로 성전에 있는 성스러운 장소(지성소)를 침범해 통치 시작부터 유대인들의 분노를 샀다. 예수가 성인이 되던 시기 팔레스타인 지역은 대부분 로마에 충성하던 꼭두각시 통치자들, 헤로데 왕가 사람들에게 넘어갔다. 그러나 유대인들의 핵심 지역인 예루살렘 부근의 유대는 로마 총독이 직접 통치했다(본티오 빌라도(본디오 빌라도)는 예수 공생애 시기에 이 지역을 통치한 총독이었다). 갈릴래아는 헤로데 안디바스(헤롯 안디바)가 다스렸다. 예수는 그를 "여우"라고 불렀다(루가 13:32).

로마 제국은 정복지의 지역 관습이나 문화를 인정하는 등 관용 정책을 펼쳤다. 그러나 팔레스타인의 많은 유대인은 종교·정치적인 이유로 하느님의 백성이 이방 통치자들에게 복종할 수는 없다고, 특히 자신을 신이라 주장한 로마의 통치자들, 승리의 영광을 이방 신들에게 돌린 로마 제국에 굴복할 수 없다며 저항했다. 로마의 통치가 사람들에게 실질적으로 영향을 미쳤던 것은 세금이었다. 생계를 근근이 이어가던 소작농들에게 세금은 공공복리를 위한 재원이 아닌, 무거운 짐으로 다가왔다. 후대 유대인 주석가는 이를 두고 말했다. "로마인들이 좋은 다

44 | 예수

3. 가이사랴Caesarea Maritima에서 발견된 비문. 본티오 빌라도의 이름이 새겨져 있다.

리를 건설한 건 세금을 걷어가기 위해서다." 로마는 속지민들에게 평화와 번영을 주겠다고 표방했으나 실제로는 로마인들, 그리고 자기편을 들던 지역 사회 엘리트를 위해서만 움직였다.

당시 로마는 주로 지역 사회 엘리트들과 협력하여 속주를 통치했다. 그러한 면에서 로마가 유대 지역을 다스리면서 대제사장과 의회(공회)에 도움을 요청한 것은 자연스러운 일이었다. 의회는 유력한 귀족, 사제 계층의 사람들로 구성되었고 부유한 평신도 집안의 가부장들도 이따금 포함되어 있었다(복음서에는 그예로 아리마태아 사람 요셉(아리마대 요셉)과 니고데모가 등장한다).

1세기 상황에서 바라본 예수 | **45**

유대교

유대인들의 신앙 양태는 다양했으나 가장 중요한 부분은 공유하고 있었다. 그들에게는 같은 민족이라는 강한 소속감과 특별한 종교적 소명이 있었다. 예루살렘 성전에 함께 모여 제사를 드린 결과였다. 종교의식을 치를 때, 특히 매년 성전 축제가 열리면 거의 모든 지역에 있는 유대인들이 모여 동족 의식을 고양했다. 세계 곳곳, 잘 알려지지 않은 지역까지 흩어져 디아스포라 공동체를 이루던 유대인들도 이 행사에 참여했다. 많은 이가 성전으로 순례를 떠났고 성전으로 갈 수 없는 이들은 희생제를 보조하기 위해 성전세를 냈다. 모세의 율법은 이를 성인 남자의 의무로 규정하지만, 팔레스타인 지역에 살던 유대인 가운데 소작농 계층에 속한 사람들의 경우 일 년에 세 번 열린 성전 축제에 모두 참여하기란 불가능했을 것이다. 그러나 유대인 대부분은 가능하기만 하면 성전으로 순례를 떠났다. 그들에게 성전 축제 경험은 일 년 중 가장 흥분되는 순간이었다.

성전은 유대교 신앙의 상징적인 중심지였다. 또한 성전은 하느님께서 자신의 백성에게 특별한 방식으로 임하는 장소였다. 하느님이 성전에 임하시므로 예루살렘은 성스러운 도시였고 팔레스타인은 성스러운 땅이었다. 마찬가지 이유로 성전은 희생 제사를 드릴 수 있는 유일한 장소였다. 성전 축제는 농경문화를 반영하지만, 이스라엘의 기원을 알리는 중요한 사건을 기념하기도 했다. 가령 과월절(유월절)은 모세가 이집트 노예로 살고 있던 이스라엘 백성을 이끌고 나온 출애굽 사건을 기념했다. 이 축제는 참여하는 이들에게 자신도 히브리 성서에 기록된 민족 이야기에 속한다는 강한 민족의식을 심어주었다. 이스라엘 민족은 하느님께서 아브라함을 부르신 것, 아브라함의 자손을 이집트의 지배에서 벗어나게 하신 것, 시나이 산(시내 산)에서 이스라엘 민족에게 계명을 주셔서 당신의 백성으로 삼으신 것, 그리고 약속하신 땅을 주신 것을 알고 있었다. 이런 이야기들은 로마의 지배 아래 있던 당시 유대인들의 상황과 강한 동시대적 연관성을 갖고 있었다. 많은 유대인이 다시금 하느님께서 이방 세력의 지배라는 멍에에서 자신들을 해방하고 빼앗긴 땅을 찾아주실 거라 믿었다. 즉, 그들은 '새로운 출애굽'을 바랐다. 몇몇 사람이 예수에게 기대한 것도 이러한 새로운 출애굽이었다. 과월절에 유대 지도자들은 예수를 살려둬서는 안 된다고 결론 내렸다. 이 결정이 축제에 참여하기 위해 수많은 순례자가 예루살렘에 모여든 때에 이루어졌다는 점은 주목할 만하다. 과월절은 하느님께서 이스라엘을 이집트의 지배에서 해방해주셨음을 기념하는 날이었을 뿐 아니라, 로마의 지배에서 하느님의 백성을 다시금 해방해주실 것을 기대하는 날이기도 했기 때문이다.

1세기 상황에서 바라본 예수 | **47**

일반적으로 대다수 유대인은 유대교를 규정하는 여러 특징 중 일신론과 토라를 핵심으로 꼽는다. 다신론이 다수 문화를 지배한 사회에서 유대인들은 이상한 사람들이었다. 그들은 완고하게 자신들이 믿는 하느님만이 유일한 신이며 다른 신앙과는 양립할 수 없다고 주장했다. 그들에게 다른 모든 신앙 대상은 모두 거짓 신이었다. 경건한 유대인들은 매일 '쉐마'로 알려진 구절을 암송했다.

> 이스라엘은 들으십시오. 주님은 우리의 하느님이시오, 주님은 오직 한 분뿐이십니다. 당신들은 마음을 다하고 뜻을 다하고 힘을 다하여, 주 당신들의 하느님을 사랑하십시오. (신명 6:4~5)

유대인들은 하느님의 유일하심과 그분이 자신의 백성에게 요구한 완전하고 배타적인 헌신을 중요하게 여기며 살았다. 예수는 저 명령이 하느님의 모든 명령 중 가장 중요한 명령이라고 말하기도 했다(예수가 살던 때까지도 유대인들은 하느님의 이름은 너무 거룩해서 차마 입 밖으로 낼 수도 없다고 생각했다. 이 때문에 하느님의 이름 중 네 개의 자음만을 기록했는데 이를 영어로 최대한 옮기면 YHWH정도로 표현할 수 있다).

하느님은 이스라엘의 하느님이었지만, 옹졸하게 하나의 민족만을 위한 신은 아니다. 유대교에서 고백하는 하느님은 이 세계를 창조한 창조주이며 주권자로서 만물을 다스린다. 하느님은 이스라엘의 하느님일 뿐 아니라 모든 민족의 하느님이다. 물론 하느님께서는 이스라엘 민족을 '특별한 소유'로 삼으셨고, 그들에게 모세의 율법인 토라(히브리 성서의 처음 다섯 책)를 주어 이스라엘 민족이 구별된 백성으로 거룩하게 살게끔 허락하셨다(여기서 '거룩하다'는 말은 YHWH에게 헌신한다는 뜻이다). 613개 토라 조항은 개인적인 차원의 삶과 사회적인 차원의 삶 모두를 포괄한다. 이 조항들은 예배나 희생 제사를 드릴 때 지켜야 할 세부 조항부터 음식 규정, 형법, 엄중한 윤리 사항까지를 아우른다. 십계명은 모든 율법 조항의 전형이다. 이론적으로 토라는 유대인의 삶전체를 규제하기 위한 법이었다.

히브리 성서에 있는 예언에 기반을 두고 유대인들은 언젠가 모든 민족이 이스라엘의 하느님이야말로 진정 유일한 하느님임을 인정하게 될 거라 예상했다. 그리고 그러기를 소망했다. AD 1세기에 유대인들은 당시 이스라엘을 억압하던 민족이 몰락하기를 바라기도 했다. 그러나 여기에 이스라엘 민족을 제외한 모든 민족이 포함되지는 않는다. 어떤 이들은 다른 민족이 개종하여 이스라엘 민족의 노예가 되는 모습을 꿈꾸기도 했다. 그러나 유대인 대부분은 다른 민족들이 참 하느님께 헌신하는 이스라엘의 모습을 보고 감동하여 그분께 복종하고 그분의 백성이 되기를 기대했다. 이러한 소망은 성서에 여러 번 등장한다. 한 가지 더 알아야 두어야 할 것은, 태생적으로 유대인이 아니더라도 하느님의 거룩한 백성이 될 수 있다는 것이다. 이방인도 개종할 수 있으며 실제로 많은 사람이 개종했다. 오늘날 유대인이 보이는 다양한 모습 중에 편협한 민족주의가 있음을 부인할 수는 없지만, 그것이 고대 유대교 고유의 특성은 아니었다.

마지막으로 좀 더 언급해야 할 것은 제의적 정결이다. 이 주제는 복음서에서 예수가 가르친 내용에서 때로는 분명하게, 그러나 대부분 암시적인 방식으로 드러난다. 불결은 사람들이 다양한 것과 접촉할 때 얻는, 일종의 보이지 않는 얼룩으로 이해하는 것이 적절하다. 현대인에게는 이상하게 들리지만, 전통 사회에 속한 많은 이가 제의적 정결에 관심을 보였다. 유대인들은 시체나 성관계 시 분비되는 체액, 성기에서 나오는 분비물, 피부병 등과 접촉하면 불결해진다고 믿었다. 그러나 이러한 불결함을 곧바로 죄로 간주하지는 않았다. 대부분 불결해지는 것 자체는 잘못된 일이 아니었다. 불결해지는 일 중에는 피할 수 없는 것도 있었다. 유대인들은 성관계를 맺고, 아이를 낳고, 죽은 자를 매장하는 것을 선한 일로 여겼으며 긍정적인 의무로 이해했다. 불결해졌을 때 가능한 유일한 답은 이를 제거하는 것뿐이다. 일반적으로 유대인들은 물에 불결한 부위를 담그면 불결함을 씻어낼 수 있다고 믿었다.

정결함과 불결함은 본래 성전을 방문할 때만 문제가 되었다. 하느님이 성전에 임하시므로 그곳은 정결한 장소였고 불결한 상태에 있는 이들이 방문하면 성전이 더럽혀진다고 생각했기 때문이다. 하지만 AD 1세기에 들어서, 정결함은 선한 것이기 때문에 누구나 가능한 한 순결한 상태를 유지하려 애써야 한다고 믿는 경향이 생겼다. 현대 고고학자들은 팔레스타인 전역에서 제의에 쓰인 욕조를 발견했다. 이는 바리사이인 같은 집단만 정결에 집착하지 않았음을 말해 준다. 많은 일반인도 불결해졌을 때 이를 씻어내려 애를 썼다. 이러한 행위는 성스러운 하느님의 거룩한 백성이 되기를 바라는 열망에서 나왔다.

유대교 당파들

대다수 유대인은 자신이 유대교의 특정 당파에 속한다고 생각하지 않았다. 그러나 유대교의 특정 해석을 강조한 집단도 있었다. 토라는 유대인의 정체성을 규정했기에 모든 유대인은 토라의 내용을 따라 살려고 노력했다. 토라의 가르침을 실천하기 위해 그 내용을 해석하는 일은 불가피했는데, 몇몇 주제에 관한 가르침을 해석하는 과정에서 차이가 발생했다. 이를테면 토라에서 하느님께서는 이스라엘 민족이 안식일에 일하는 것을 금하셨다. 하지만 정확히 무엇까지를 '일'이라 말할 수 있는가? 이런 물음은 토론을 낳을 수밖에 없다. 토라의 말씀을 어떻게 실천에 옮길지 합의하기 위해 토론이 필요하기도 했다.

유대인 역사가 요세푸스Josephus는 팔레스타인 유대교에 네 개의 주요 당파(바리사이파(바리새파), 사두가이파(사두개파), 에세네파, 그리고 이름을 밝히지 않은 네 번째 집단)가 있었다고 기록했다. 이 당파중 가장 영향력이 컸던 집단은 바리사이파였다. 이 집단은 복음서에서도 가장 많은 비중을 차지하며 두드러지게 나타나므로 여기서도 가장 중요하게 다룰 것이다.

바리사이파는 율법을 가장 정확하게, 혹은 가장 정밀하게 해석하는 집단으로 정평이 난 집단이었다(이것이 그들이 언제나 가장 엄격한 해석을 내놓았음을 뜻하지는 않는다). 바리사이인들은 일상에서 율법이 요구한 것을 어떻게 실천해야 하는지를 정확하게 규정하는 데 능숙했다. 그들은 영향력이 있었다. 대중은 그들을 존경했으며 그들의 토라 해석을 어느 정도는 따랐다. 바리사이인들은 율법을 정밀하게 해석했지만 에세네파와는 달리 고립된 생활을 하며 거룩함을 지키는 것에 만족하고 사는 분리주의자들은 아니었다. 그렇다고 (예수가 살던 시기에는) 자신들의 해석을 타인에게 강요할 어떠한 제도적인 힘을 갖고 있지도 않았다. 그러나 토라를 엄격하게 해석하고 이를 일관되게 실천한다는 점에서 바리사이인들은 '선생'으로서 광범위한 존경을 받았다. 이러한 점에서 바리사이파는 특정 집단이 아닌, 유대 민족 전체를 거룩하게 만들려는 목표 아래 움직인, 일종의 운동으로 이해하는 것이 더 적절할 수도 있다.

당시 유대인들이 가장 중시하던 질문은 '로마의 지배 아래 있는 우리가 어떻게 하느님의 거룩한 백성일 수 있는가?'였다. 바리사이인들은 이 물음에 제의적 정결을 답으로 제시함으로써 명성을 얻었다. 특별히 그들은 정결을 유지하기 위한 세세한 음식 규정으로 유명했다. 바리사이인들은 토라의 정결 규정을 확대해서 정결이 일상의 가장 중요한 관심사가 되도록 만들었다. 바리사이인들에게 정결은 단순히 사제들에게만 해당하는 덕목이라거나 대중이 성전을 방문할 때에만 중요한 가치가 아니었다. 그들은 사제가 아닌 일반 대중이 일상에서 지키기에는 불가능한 정도의 절대적인 정결을 추구했다. 그들에게 정결은 유일한 관심사였다. 바리사이인들은 거룩한 백성이 되기 위해 수확한 농작물의 십일조를 낸다거나, 안식일을 지킨다거나, 성전의 관습을 준수할 때 정확히 무엇을 해야 하는지 해답을 제시했다. 이 모든 행동은 하느님의 백성과 이방인들을 구분 지었다. 그들에게 이방인이란 우상과 기타 혐오스러운 것들을 섬겨 거룩한 땅을 더럽히는 자들이었다.

바리사이인들이 주도해 일어난 운동은 식사나 농사, 가정 생활과 같이 일반 대중이 일상에서 조절할 수 있는 영역에서 거룩함을 추구하도록 독려했다. 유대 민족이 정치적으로 힘을 잃은 상황에서 이들이 펼친 운동은 많은 유대인에게 로마의 지배에 가장 효과적으로 저항하는 방법으로 보였을 것이다. 물론 그렇다고 해서 바리사이인들이 조만간 하느님께서 이스라엘을 이방 민족의 통치에서 구원하시고, 독립시켜 신정체제를 회복하실 것이라는 기대를 포기한 건 아니었다. 그들은 하느님께서 언젠가 역사에 개입하실 때 유대인들이 거기에 적합하도록 대비하고자 민족의 회복을 외쳤다. 얼마나 많은 바리사이인이 군사 저항 방식을 선호했는지는 알려지지 않지만, 일부 바리사이인들은 로마에 맞서 일어난 군사 반란에 가담했다.

반면 에세네파는 분명하게 무력 투쟁을 선호했다. 학자 대부분이 생각하듯 사해 문서가 사해 연안에서 금욕적으로 살던 에세네파의 문헌이 맞았다면 말이다. 에세네인들은 하느님의 신성한 도움을 얻어 로마에 맞서 싸울 성전聖戰을 준비했다. 또한 이들은 토라를 극도로 엄격하게 해석했고 이를 따라 살았다. 에세네파 다수는 유대 팔레스타인 지역에 있는 소도시와 마을에 살았지만, 다른 사람들과 구별되는 폐쇄적인 공동체를 이루며 살았다. 예수의 공생애를 묘사하는 부분에서 에세네파와 관련된 구절을 찾아볼 수 없는 이유가 여기에 있을 것이다. 바리사이인들과는 달리 그들은 유대 랍비들이 모여 토론하던 회당이나 시장에 좀처럼 모습을 드러내지 않았다.

사두가이파는 복음서에 등장한다. 그들은 다른 유대인들과 구별되는 독특한 특징을 갖고 있었고 이 문제를 두고 예수와도 수차례 토론했다. 그들은 죽음 이후의 삶을 믿지 않았다. 이는 그들의 '근본주의적' 토라 해석의 결과였다. 사두가이파는 모세의 다섯 책에서 배운 것만을 믿는다고 공언했으며 모세의 율법에 나온 구절을 문자 그대로 실천했다. 그들은 아마도 부유한 귀족 가족 출신의 회원을 수백 명 정도 거느린, 소수 집단이었을 것이다. 대다수 학자는 예수 활동 시기 대제사장 및 고위 성전 관리들이 대체로 사두가이파였을거라 추정한다. 이는 곧 그들이 로마 총독의 권위 아래 있던 유대 통치기구를 장악했음을 뜻한다. 그들은 정치적인 힘을 갖고 있었으나 그들의 종교적인 견해는 별다른 영향력을 발휘하지 못했다.

마지막으로, 요세푸스가 이름 붙이기에 실패한 당파는 정치적 혁명가 집단이다(그들은 흔히 '젤롯'이라 불렸지만 이는 잘못된 용어다). 요세푸스에 따르면 로마가 직접 통치를 시작하고 공물을 요구하며 유대 지역에서 세금을 징수했을 때(AD 6년) 이러한 혁명가 집단이 생겨났다. 갈릴래아 사람 유다가 이끌었던 저항 세력은 로마에 항거하는 것이 십계명의 첫 조항(너희는 내 앞에서 다른 신들을 섬기지 못한다(출애 20:3))에 바탕을 둔 종교적 의무라 주장했다. 그들은 로마에 세금을 납부하는 것은 하느님에게 속한 이스라엘의 거룩한 땅이 로마의 것임을 인정하는 행위라고 생각했다. 유다의 저항은 진압되었지만 이러한 생각은 살아남았다. 때로 예수의 적들이 그를 향해 카이사르에게 세금을 납부하는 것이 옳으냐고 물었을 때는 이러한 생각이 반영된 것이다.

요세푸스는 AD 70년에 일어난 예루살렘 멸망과 성전 함락의 단초가 된 유대 반란의 여파가 남아 있을 때 글을 썼다. 그는 유대교 신앙이 반드시 로마에 대한 저항을 이끌어내지는 않는다는 점과 유대 반란이 모든 유대교 당파의 가르침에서 비롯되지 않음을 입증하려 했다. 이 때문에 그는 소수에게, 광범위한 지지를 얻지는 못한 갈릴래아 유다와 그의 후예들에게 반란의 책임을 돌렸다. 그러나 실제 역사에서 로마에 대항한 무력 투쟁은 좀 더 광범위한 지지를 얻은 것으로 보인다. 에세네파는 확실히 무력 투쟁을 지지했으며 바리사이인 중에서도 이에 동조하는 이들이 있었다. 일반 대중 가운데에도 무력 저항을 지지했던 이들이 있었을 것이다. 하지만 유대인들이 무력 혁명이라는 방법 외에, 출애굽 경험과 유사한 신적 개입이 일어나 로마의 명에에서 벗어나기를 바랐다는 것 또한 염두에 두어야 한다. 예수가 성인이 되던 시기 갈릴래아와 유대 지역은 상대적으로 평화로웠지만 로마의 통치에 대한 분노가 폭발 직전에 있었음을 간과해서는 안 된다. 로마와 유대 당국도 이를 잘 알고 있었다.

갈릴래아

예수는 갈릴래아의 별 볼 일 없는 촌락 나자렛에서 자랐다. 나자렛 인구는 백 명이 채 되지 않았고, 대부분은 농부였다. 최근 예수 시대 집 한 채가 발굴되었는데 그 집에는 방이 두 칸 있고 마당에는 빗물을 모으는 수조가 하나 있다. 이는 예수의 가족도 지냈을 법한 일반적인 가구 형태였을 것이다. 예수의 말과 비유 중 많은 부분에는 그가 자란 시골의 농촌 분위기가 묻어난다. 땅 없고 빚진 노동자들이 일거리를 찾아 헤맨다는 이야기들은 거대한 땅을 가진 이가 소규모 자작농과 소작농의 땅을 무자비하게 탈취하는 상황, 수많은 소농이 겪은 고난을 반영한다.

마르코의 복음서에 따르면 예수는 '목수'였다. 일반적으로 그렇게 번역하지만 해당 헬라어 단어는 모호해서 나무를 다루는 사람이 아닌 돌을 다루는 사람으로 번역할 수도 있다. 마태오의 복음서에 따르면 그는 아버지 요셉의 일을 도왔다. 일을 돕는 과정에서 그가 아버지에게 일을 배웠을 가능성은 충분하다. 예

1세기 상황에서 바라본 예수 | **57**

수와 그의 아버지가 기능공이라는 점 때문에 일부 학자들은 때로 예수 가족의 형편이 평균적인 소작농들보다는 나았을 것으로 추측한다. 그러나 이러한 추측은 중산층에 대한 잘못된 선입견을 반영한다. 당시에는 소수의 엘리트 집단이 사회 전체의 부를 독점하다시피 했고 이들과 나머지 일반 대중 사이에는 현격한 차이가 있었다. 따라서 기능공이라는 이유로 비교적 넉넉한 소작농과 견주었을 때 삶이 딱히 풍족하지는 않았을 것이다.

일부 자료는 흥미롭게도 예수가 목수 일을 하면서 가족 농장에서 일했을 것으로 추정하게끔 한다. AD 2세기 작가 헤게시푸스Hegesippus는 예수의 형제 유다의 두 손자가 농장을 공유하는 소작농이었다고 기록하는데, 그 농장의 크기까지 언급한다. 아마도 그곳은 나자렛에 있던 소규모 가족 농지였을 것이다. 그들이 공동으로 밭을 소유했다는 점은 이 가문이 예전 방식을 고수해 농장을 분할하지 않고 대가족의 공동 재산으로 두었음을 시사한다. 요셉은 적어도 일곱 명의 아이들을 키워야 했기에(예수와 네 명의 남자 형제들, 그리고 두 명 혹은 더 많았을지 모르는 여자 형제들) 가족 농장에서 나오는 수확물만으로는 살림이 충분치 않아 목수 일을 하게 되었는지도 모른다. 이런 이유 때문이라면 나자렛에서도 일감은 충분했을 것이다.

당시 갈릴래아에는 도시가 둘 있었다. 두 도시는 세포리스와 티베리아(디베랴)로 불렸는데 둘 다 헤로데 안디바스가 재건하거나 새로 지었다. 주변 촌락들은 두 도시에 물품과 노동력을 제공했다. 세포리스는 나자렛에서 겨우 8km 정도의 거리에 있었기에 예수는 분명 그곳을 방문했을 것이다. 그러나 그러한 도시들이 보수적이었던 갈릴래아 시골 촌락들에 별다른 문화적인 영향을 미쳤던 것 같지는 않다. 고고학 발굴 결과(종교제의를 위한 욕조나 돼지 뼈가 발견되지 않은 것)들은 종교의식의 측면에서 갈릴래아 사람들이 여타 지역 유대인들과 크게 다르지 않았음을 보여준다. 바리사이인들의 토라 해석과 일치하지는 않았지만 갈릴래아 사람들 역시 토라를 준수했으며 예루살렘에 있는 성전으로 순례를 떠났다. 성전을 운영하던 부유한 성직자 귀족을 딱히 존중하지는 않았음에도 불구하고 말이다. 서른 살 즈음이 될 때까지 예수는 이러한 세계에 살고 있었다. 우리는 예수가 정확히 어떠한 교육을 받았는지 알지 못한다. 다만 그가 히브리어를 배웠을 것이라는 점, 이를 바탕으로 히브리 경전을 열심히 공부했을 거라는 점, 유대 랍비들의 말을 경청하며 그들에게 비유나 격언을 말하는 법을 배웠을 거라는 점 정도는 추정할 수 있다.

예수가 성인이 될 때까지 갈릴래아는 그에게 유일한 세계였지만, 가르침을 전하고 치유하는 활동을 시작한 다음부터는 갈릴래아 이외의 지역에서도 많이 활동했다. 마르코의 복음서는 예수의 갈릴래아 활동에 집중하고, 그가 죽기 직전 예루살렘에서 보낸 시간에 관해서는 간략하게만 기술하지만 마르코의 복음서조차 예수가 갈릴래아 북쪽 지역, 유대 지방과 요단 강 동쪽에 있는 유대인 지역을 방문했다고 언급한다. 루가의 복음서의 경우에는 예수가 갈릴래아에서 한 활동에 관해서는 여섯 장도 채 할애하지 않고, 다소 모호하게 설정되어 있기는 하나 갈릴래아에서 예루살렘에 이르는 여정에 열 장 이상을 할애한다. 요한의 복음서는 다른 복음서들은 암시만 하는 사실, 즉 예수가 예루살렘에 수차례 방문했으며 그곳에서 상당한 시간을 보냈음을 언급한다. 요한의 복음서가 복음서 중 연표나 지리 문제에서는 가장 정확하다는 점을 미루어볼 때 예수가 유대—팔레스타인 외곽 지역에서만 활동한 게 아니라 유대 신정 통치의 심장부, 거룩한 도시와 성전에도 자신의 흔적을 남겼다는 주장은 신뢰할 만하다.

메시아 신앙

히브리어 '메시아'(이 단어를 헬라어로 옮기면 크리스토스이다. 이런 이유로 그리스도교인들은 예수를 그리스도라고 부른다)는 '기름 부음을 받은 자'라는 뜻이 있다. 유대 민족의 신권정치체제에서는 두 명의 '기름 부음 받은 자'가 있어야 한다. 한 명은 다윗 왕가의 혈

통을 이은 적법한 왕이며 다른 한 명은 아론과 사독 가문에서 나온 적법한 대제사장이다. 예수 시대 많은 유대인도 그렇게 생각했을 것이다. 이 때문에 일부 사해 문서를 작성한 에세네파의 사제들은 두 명의 메시아를 고대했다. 그들은 대제사장 역할을 맡은 메시아가 좀 더 주도적인 역할을 할 것이라 믿었으며 세 번째 인물이 나타날 것이라고 기대했다. 세 번째 인물은 예언자로서, 하느님께 받은 메시지를 전달하는 역할을 맡는다. 하지만 이 세 번째 인물을 메시아라고 부르지는 않았다. 대체로 많은 사람은 다윗 왕가에서 나온 메시아가 중심 역할을 해야 한다고 생각했다. 당시 가장 시급한 일은 로마의 지배에서 벗어나는 것이었기 때문이다. 사람들은 과거의 다윗이 그랬듯 새롭게 나타난 다윗의 후손이 이스라엘 군대를 지휘하여 전쟁 승리를 이끌어낼 것이라고 믿었다. 예수 시대에는 다윗 가문에서 메시아가 등장할 것이라는 기대가 광범위하게 펼쳐져 있었다. 그러므로 '메시아'라는 단어가 일반적으로 다윗 가문의 메시아를 가리켰음을 말해주는 복음서의 증언은 신뢰할 만하다. 예수와 같은 시대를 살았던 몇몇 이들도 예수가 이런 역할을 맡았다고 오인했으며 로마 당국이 예수를 처형하며 "유대인의 왕"이라는 죄목을 붙였던 것도 이러한 이유에서였다.

또한 당시 유대인들은 선조들의 출애굽 사건, 이스라엘 땅 정

1세기 상황에서 바라본 예수 | **61**

4.예수가 활동했던 시기의 팔레스타인 지도

복 사건과 유사한 해방 사건이 일어나기를 기대했다. 성전 축제들, 기념하는 행사들은 대중에게 이러한 생각을 불어넣었을 것이다. 이때 이스라엘 민족을 이끌고 새롭게 정복 전쟁을 펼치는 영웅은 새로운 모세, 새로운 여호수아가 될 것이다. 군대가 일정 부분 역할을 맡겠지만, 최종 성패 여부는 하느님의 기적적인 개입에 달려있을 것이다. 조상들이 처음 이스라엘 땅을 정복할 때 그랬듯이 말이다. 새로운 지도자는 (모세가 때때로 그랬듯) 왕으

62 | 예수

로 불리겠지만, 예언자로 불리는 경우가 더 많을 것이다. 이때 예언자는 하느님의 뜻을 대신 전하는 대언자가 아니라 모세와 같은 카리스마적 리더를 뜻한다.

예수가 활동하던 시기부터 대반란이 일어나기까지 수십 년간 메시아를 자처하는 이들이 끊임없이 나타났다. 그들은 추종자들을 광야로 이끌었고 하느님께서 기적적인 표징을 내려주셔서 자신들의 정통성을 입증해 주고 해방의 때가 왔음을 보여주시기를 기대했다. 예수 또한 이러한 인물로 비쳤을 가능성이 충분하다. 그가 광야에서 기적처럼 군중을 먹인 사건은 사람들에게 광야에서 이스라엘 백성에게 음식을 공급한 모세를 떠올리게 했다. 많은 사람이 그를 왕으로 추대하려 했고 예수는 이들에게서 도망쳐야 했다. 동시대 사람들은 하나 이상의 '메시아' 역할에 그를 맞추려 했다.

세례자 요한

초기 그리스도교인들은 예수의 이야기를 전할 때 습관적으로 세례자 요한으로 알려진 유대인 예언자를 언급했다. 요한은 사람들이 (과거 예언자였던) 엘리야를 떠올리게 할 만큼 열정적인 설교자였다. 히브리 성서에도 그와 비슷한 말을 전한 사람들이 있었지만 당시 사람들에게 요한이 전한 메시지들은 새롭게 다가

1세기 상황에서 바라본 예수 | **63**

왔다. 요한은 이스라엘이 곧 해방될 것이라 말하지 않았다. 오히려 그는 이스라엘이 죄를 지었기 때문에 하느님께서 곧 심판하실 거라고 선언했다. 기록에 따르면 요한은 헤로데 안디바스를 비판했으나 로마인에 대해서는 어떠한 말도 하지 않았다. 그는 사람들을 광야로 불렀다. 이스라엘 땅을 다시 회복하기 위해서가 아니라 죄를 뉘우친다는 의식을 진행하기 위해, 그들을 강물에 담그기 위해서였다. 요한은 민족적인 차원에서 회심해야만 곧 다가올 하느님의 진노를 피할 수 있다고 믿었다. 요한이 베푸는 세례는 하느님께 반항했던 민족이 자신을 돌이켜 하느님께 다가갈 마지막 기회였다.

그는 많은 사람을 이끌어 세례를 받게 했다. 그를 따르던 제자 중에는 이후 예수의 제자가 된 이들도 있었다. 요한이 메시아 역할을 감당할 인물이 아니냐는 추측도 있었지만 요한은 이를 단호하게 부인했다. 그는 자신이 하느님의 심판을 대리하기 위해 오는 더 큰 인물을 예비하는 역할에 불과하다고 말했다. 예수의 공생애는 요한의 활동으로 이러한 기대가 생겨난 상황에 시작되었다. 이는 당시 절망적인 기운을 담고 있지만, 동시에 마침내 이스라엘 역사에 커다란 전환점이 발생할 것이라는 기대를 반영하기도 한다.

예수는 요한을 찾아가 세례를 받고 얼마간 그와 함께 머물렀던 것으로 보인다. 예수가 세례를 받았을 때 예수와 요한은 동시에 어떤 환상을 보았는데 이 환상에서 예수는 성령과 함께 메시아적인 기름 부음을 받았고 하느님께서 사랑하는 아들이라고 불렸다. 그전까지 예수가 자신의 소명에 대해 어떻게 생각했든 간에 이 경험은 예수에게 자신이 실현해 나아갈 하느님의 사명을 주었다.

하느님의 기쁜 소식, 즉 복음을 기쁜 마음으로 전한 예수의 메시지는 파멸을 예고하는 듯한 요한의 예언과 날카롭게 대비된다. 그러나 둘은 매우 중요한 관점을 공유한다. 요한이 그랬듯 예수도 로마인들에게 큰 관심을 보이지 않았다. 그에게 우선적인 관심은 하느님의 백성을 회복하는 일이었기 때문이다. 유대교 주요 당파 중 예수 운동과 유사한 것을 꼽자면 아마도 민족적인 정결함을 유지하려 했던 바리사이파 운동을 들 수 있을 것이다. 바리사이인들은 정결 운동을 펼침으로써 이스라엘의 회복을 위한 새로운 대안을 제시했다. 예수가 바리사이인들과 자주 충돌했던 것도 이 때문이다.

하느님 나라가 다가왔다.

예수가 그 나라를 세우고 선언했기 때문이다.

이 때문에 예수의 말과 행동은 모두 중요하다.

그가 하느님의 통치를 어떻게 이해했는지를

파악하기 위해서는 둘 모두를 살펴야 한다.

제4장 / 하느님 나라 세우기

하느님의 통치가 도래한다

현대 사회에서 흔히 사람들은 예수를 윤리 교사나 사회 개혁가로 보곤 한다. 이런 견해가 완전히 틀리지는 않았다. 복음서에는 분명 예수를 이렇게 볼 만한 내용이 많이 있다. 그러나 이러한 관점들은 불충분하게도 현대 사회에서 인간이 어떻게 살아야 할 것인가의 문제만을 중심에 두고 예수를 바라본다. 그러나 예수의 활동을 촉발한 것은 그의 하느님 경험이다. 예수가 가장 먼저, 그리고 가장 많이 관심했던 것은 이스라엘의 하느님이었으며, 하느님이 자신의 백성과 세상을 얼마나 사랑하시는가, 그리고 자신의 백성과 세계를 위해 무엇을 하시는가였다.

하느님의 백성이 어떻게 살아야 하느냐는 문제도 매우 중요했지만, 예수는 그 해답을 하느님이 어떠한 분이신지, 그리고 그분이 무엇을 행하고 계시는지를 모르고서는 찾을 수 없다고 생각했다.

공관복음the Synoptics이라고도 불리는 첫 세 복음서(마태오, 마르코, 루가)는 이 점을 분명하게 전한다. 세 복음서 모두 예수가 말한 모든 것의 핵심에는 그가 '하느님 나라'kingdom of God라고 불렀던 것이 있다고 증언한다. '하느님 나라'라는 번역어는 우리에게 친숙하다. 그러나 예수가 실제로 이 말을 통해 의미한 것은 '나라'kingdom라기 보다는 '통치'rule에 가깝다. '통치'는 하느님의 활동을 가리키며 '나라'라는 말보다 좀 더 역동적이다. 예수가 이 말을 사용한 용례를 살펴보면 사람들이 여기에 들어갈 수도 있는데 이 경우에는 하느님의 통치가 임하는 공간을 가리킨다고도 할 수 있다. 이때는 그의 '나라'라거나 '영역'이라고 부르는 것이 온당하다. 우리가 예수의 의도를 제대로 파악하려 한다면 '하느님 나라'라는 말을 접했을 때 적극적인 통치와 영토적 개념의 나라 모두를 염두에 두어야 한다.

예수가 활동했던 당시 유대인들은 그가 어떠한 의미로 '하느님 나라'를 말했는지 이해하는 데 별다른 어려움이 없었다. 히브리 성서가 이 표현을 그대로 사용하지는 않지만 여러 부분에서 하느님을 왕으로 묘사하거나 하느님의 왕좌, 이스라엘 및 세계에 대한 하느님의 통치에 대해 다루기 때문이다. 하느님께서는 천상의 왕좌에서 당신이 만든 모든 창조물을 통치하신다. 이러한 점에서 유대인들에게 하느님 나라는 이미 존재했다.

예수는 '하느님의 통치'에 담긴 이러한 측면을 거부하거나 반박하지 않았다. 그러나 그는 단순히 하느님께서 왕이시라는 점을 확증하기 위해 이 말을 전하지는 않았다. 그는 이 말을 통해 어떤 새로운 것이 임했음을 전했다. 히브리 성서 및 후대 유대 문헌에 기록된 내용과 유사하게, 예수는 온전한 하느님의 통치란 언젠가 이루어질 것으로 기대해야 한다고 생각했다. 지금도 하느님의 통치권은 다른 무엇보다 우월하지만 다른 신들을 섬기는 이방 민족은 이 점을 알지 못한다. 초자연적이고 때로는 인간적인 악한 세력이 하느님의 통치를 방해하고 있다. 세상에서 일어나는 잘못된 일들, 폭력이나 질병, 억압, 심지어 죽음도 이러한 악한 세력 때문에 일어난다. 이스라엘 백성은 온 세계가 하느님의 통치를 인정할 날을, 하느님이 모든 악을 지배할 날을 고대했다. 예수는 제자들에게 이렇게 기도하라고 가르쳤다.

온 세상이 아버지를 하느님으로 받들게 하시며
아버지의 나라가 오게 하시며

아버지의 뜻이 하늘에서와같이

땅에서도 이루어지게 하소서 (마태 6:9~10)

이 기도에는 천사들이 하느님을 예배하고 그분의 뜻을 행하는
천상에는 하느님 나라가 이미 완벽하게 구현되어 있지만 이 땅
에서는 아직 온전히 이루어지지 않았다는 뜻이 담겨 있다.

다가올 하느님 나라에 관한 이 기도를 들은 모든 유대인은 예
수의 뜻에 (열성을 담아, 열정적으로) 동의했을 것이다. 그러나 예수
가 전한 메시지에는 다른 이들이 전한 메시지와는 구별되는 지
점이 있다. 복음서는 이를 한 문장으로 요약한다. "하느님 나라
가 가까이 왔다." 하느님의 통치가 곧 이루어진다. 강력하고 혁
신적인 그분의 통치는 새로운 방식으로 이미 영향력을 발휘하
고 있다. 그분께서 하신 약속은 곧 이루어지고 이스라엘의 소망
은 실현될 것이었다.

예수를 이해하기 위해서는 하느님 나라의 시기도 중요하지만
하느님 나라가 지닌 성격이 더 중요하다. 분명 예수는 하느님
나라가 단번에 오리라고는 생각하지 않았다. 하느님 나라가 이
루어지기 위해서는 일정한 과정이 필요하다. 예수의 행동과 가
르침이 씨앗이라면 하느님 나라는 꽃이다. 작은 씨앗에서 꽃이
피어나듯 하느님 나라는 예수의 행동과 가르침에서 시작해 언

젠가 궁극적인 의미에서 보편적인 현실이 될 것이다. 예수는 이러한 하느님 나라의 임재가 이스라엘 민족의 소망과는 맞지 않는다는 점을 잘 알고 있었다.

예수가 든 비유 하나를 살펴보자. 그는 하느님 나라를 모든 씨앗 중에서도 가장 작은 씨앗으로 알려진 겨자씨에 견주었다. 습관적으로 썼던 과장법을 활용해 그는 겨자씨가 새들이 쉴 수 있는 가지들을 가진 "나무 중에서도 가장 큰 나무"로 자란다고 말했다. 히브리 성서 또한 하느님의 보편적인 통치를 거대한 나무로 묘사했다. 이 나무는 세상의 중심에 뿌리를 내리고 자라나 온 세계를 덮으며 모든 창조물을 위해 가지를 뻗는다. 예수의 비유에 따르면 모든 나무 중에서도 가장 큰 이 나무는 모든 씨앗 중에서도 가장 작은 씨앗에서 시작한다. 세계사라는 거대한 시각에서 보면 예수의 가르침과 행동은 아무것도 아닌 것처럼 보일 수 있다. 그러나 하느님께서는 이 작은 씨앗에 곧 펼쳐질 당신의 나라를 담아내셨고, 이 땅에 뿌리셨다.

하지만 하느님 나라의 임재가 눈에 띄지 않는다면 구태여 그걸 알아야 하는 이유는 무엇인가? 그 답은 예수가 하느님 나라의 성격을 이해하는 지점에 있다. 하느님의 통치는 어떻게 이루어지는가? 예수가 활동하던 시대에 일부 사람들은 하느님께서 우선적으로 당신의 백성을 로마의 압제에서 벗어나게 해주실 거라 믿었다. 하느님의 통치란 거룩한 백성을 다스릴 자격이 없는 이들을 물리치심으로써 가능하다고, 그렇게 해야만 유일한 통치가 이루어질 수 있다고 믿었기 때문이다. 그러나 예수는 다른 것을 중시했다. 그는 자신이 행한 일에서 하느님 나라의 임재를 보았다. 그는 만나는 사람들을 하느님의 능력으로 치유하고 죄를 용서해 주었다. 하느님의 백성이지만 변두리로 밀려나 소외된 이들에게 손을 내밀었고 개인의 지위와 상관없이 예배하는 공동체를 조직했다. 예수는 하느님의 통치가 임하면 이러한 일들이 일어난다고 보았다.

이러한 예수의 시각은 이스라엘 예언자들의 예언을 기억함으로써 만들어졌을 것이다. 물론 더 깊은 차원에서는 히브리 성서에 나타난 하느님에 대한 예수 나름의 이해를 통해 만들어졌을 것이다. 하느님의 통치가 어떠한 식으로 이루어지는지 알기 위해서는 하느님이 어떠한 분이신지를 알아야 한다. 예수가 하느님 나라를 어떻게 이해했는지 알기 위해서는 그 나라를 통치하시는 하느님을 예수가 어떻게 이해했는지 살펴 보아야 한다.

제자들이 기이한 장면을 보자 예수는 그들에게 말했다.

너희가 지금 보는 것을 보는 눈은 행복하다. 사실 많은 예언자들과 제왕들도 너희가 지금 보는 것을 보려고 했으나 보지 못하였고 너희가 듣는 것을 들으려고 했으나 듣지 못하였다.

(루가 10:23~24)

하느님 나라가 다가왔다. 예수가 그 나라를 세우고 선언했기 때문이다. 이 때문에 예수의 말과 행동은 모두 중요하다. 그가 하느님의 통치를 어떻게 이해했는지를 파악하기 위해서는 둘 모두를 살펴야 한다.

하느님 통치의 치유하는 힘

떠돌아다니는 교사이자 치유자로서 예수의 공적인 삶은 2년 정도만 지속된 것으로 보인다. 그가 미친 영향에 견주면 놀라울 만큼 짧은 기간이다. 우리는 예수의 실제 삶과 그의 삶을 공유하고 가르침을 기억했던 제자들이 받은 영향, 그 외 사람들이 받은 영향을 구분해야 한다. 당시 대다수 사람에게 예수는 치유자로 알려졌다.

예수는 다양한 장애와 질병이 있는 이들을 치유했다. 귀신을 쫓아내기도 했다. 당시 사회에서는 장애와 질병이 귀신 때문에 발생한다고 보는 이들도 있었지만 복음서는 이 점을 그리 강조하지는 않는다. 축귀와 치유는 다르다. 축귀는 귀신이 들러붙어 귀신에게 장악당한 사람에게서 악귀를 쫓는 일이다. 귀신에 사

5. 피흘리는 병을 앓던 여자를 치료하는 예수(카타콤 프레스코화)

로잡힌 이들은 때로 오늘날 우리가 정신병이라 부르는 것과 비
슷한 모습을 보였다. 귀신에 사로잡힌 이들은 자발적으로 악령
과 결탁한 이들이 아니었다. 오히려 당시 사람들은 그들을 저항
할 수 없는 악한 힘에 사로잡힌 무고한 희생자로 여겼다.

　예수는 악령의 노예가 된 사람들을 구했다. 그의 축귀 사건은

74 ｜ 예수

악한 힘을 극복하는 능력을 극적으로 사람들에게 보여주었다.
그는 말했다.

> 그러나 나는 하느님의 능력으로 마귀를 쫓아내고 있다.
> 그렇다면 하느님의 나라는 이미 너희에게 와 있는 것이다.
>
> (루가 11:20)

예수가 유대인 중에서 유일한 축귀자는 아니었다. 그러나 우리가 아는 한 그는 하느님의 새로운 활동, 즉 하느님 나라의 임재와 축귀 활동을 연결한 유일한 사람이다. 이런 이야기는 역사적으로도 타당하다. 당시 다른 축귀자들이 왕왕 그의 이름을 빌려 귀신을 쫓아냈을 정도로 예수는 축귀자들 가운데서도 도드라졌던 축귀자였다. 예수의 적들은 그의 유별난 성공을 설명할 다른 방법을 궁리한 끝에 예수가 악한 세력과 동조했으며, 귀신의 왕*에 사로잡혔다고 주장했다.

예수가 치유했다고 전해지는 이들 중 장님, 귀머거리, 절름발이 등 장애인 걸인들이 많다는 사실은 주목할 만하다. 이들은 부유한 가문 출신이 아닌 이상 일거리를 찾기 어려웠으며 구

---

* 베엘제불(바알세불)

하느님 나라 세우기 | **75**

걸 외에 별달리 할 수 있는 일이 없었다. 물론 유대인들이 가난한 이들에 대한 자선을 중요한 의무로 여겼기에 그들은 고대 세계 다른 지역에 사는 장애인들보다 사정이 조금은 나았을 것이다. 하지만 누구도 구걸하는 삶을 부러워하지는 않는다. 예수는 그들을 치유함으로써 존엄성을 되찾아 주었으며 그들이 사회로 돌아가게 해 주었다.

예수가 나병을 앓았던 사람들과 만난 일화는 이 점을 특히 강조한다(이때 '나병'은 다양한 종류의 심각한 피부 질환을 포괄하며 꼭 '한센병'을 뜻하지는 않는다). 당시 나병 환자들은 사회에서 격리되어 살아야 했다. 병이 전염될 가능성이 있기 때문이 아니라 종교적인 의미에서 '불결한'(혹은 부정한) 자로 규정되었기 때문이다(종교적인 불결함에 관해서는 나중에 따로 다룰 것이다). 당시 종교 관습에 따라 다른 사람들은 그들이 '불결한' 사람임을 인지할 수 있어야 했으며 멀리 떨어져 있어야 했다. 이 때문에 나병 환자들은 넝마로 된 옷을 입었고 어디를 가더라도 "나는 불결하다"고 소리쳤다. 예수는 그들을 그저 치료만 한 것이 아니다. 그는 나병 환자들을 직접 손으로 만져서 치유했다. 이러한 행동은 환자들에게 커다란 울림을 주었다.

예수가 보인 "권능"(공관복음에서는 이 단어를 사용한다)*은 단순히 질병을 앓고 있던 이들의 육체적 건강만을 회복시킨 것이 아니었다. 그는 그 이상의 것, 소외된 이들이 하느님의 백성인 이스라엘 사회에 편입될 수 있도록 도와줌으로써 그들의 사회적 관계를 회복시켜 주었다. 당시 장애인들과 나병 환자들, 그리고 귀신들린 자 중 상당수는 하느님이 임재하는 곳이라 여겨졌던 예루살렘 성전에 접근할 수 없었다. 이러한 사실이 그들이 하느님께서 보이신 사랑에서 배제되었음을 뜻하지는 않지만 하느님과 이스라엘이 맺은 특별한 관계를 상징하는 핵심 공간에 그들은 다가가지 못했다. 그들은 그저 성전을 먼발치에서 지켜봐야만 했다. 예수는 소외된 이들을 치유함으로써 그들에게 경계를 허무시는 하느님을 경험케 해주었다. 참된 의미에서 이러한 치유는 전인적인 기적이었다.

복음서는 감옥에 있던 세례자 요한의 이야기를 한 차례 전한다. 요한은 그가 예수에게 세례를 주었을 때 느꼈던 것처럼 예수가 사람들이 기대하는 메시아가 맞는지 알고 싶어 했다. 자신이 배운바 대로라면 메시아는 마땅히 이스라엘에서 악하고 회심하지 않는 이들에게 심판을 내려야만 하는데 예수의 행적은

---

* 헬라어로는 뒤나미스δύναμις

그렇지 않았기에 어리둥절했던 모양이다. 그래서 요한은 제자 몇 명을 보냈고 그들은 예수에게 물었다. "오실 그분이 당신이십니까? 그렇지 않으면, 우리가 다른 분을 기다려야 합니까?" 예수는 이 질문에 직접 대답하지 않았다. 다른 곳에서도 그는 이런 종류의 물음에는 거의 대답하지 않았다. 메시아는 어떠해야 한다는, 물음을 던진 이들이 지닌 선입견을 짊어지고 싶지 않았기 때문이다. 대신 그는 질문하는 이들에게 눈앞에 벌어지는 일들을 보라고 말했다.

> 너희가 듣고 본 대로 요한에게 가서 알려라. 소경이 보고 절름 발이가 제대로 걸으며 나병 환자가 깨끗해지고 귀머거리가 들으며 죽은 사람이 살아나고 가난한 사람들에게 복음이 전하여진다. (마태 11:4~5)

성서에 나오는 어떤 예언에 주목하느냐에 따라 기대하는 메시아의 모습도 달라지기 마련이다. 세례자 요한처럼 성서를 잘 알고 있던 이에게 예수의 답변은 이사야서 뒷부분을 떠올리게 했다(이사 35:5~6, 61:1). 예수는 자신의 활동을 통해 벌어지는 일들이 예언자들이 하느님께서 통치하실 때 발생할 것이라 말했던 내용과 일치한다는 점을 깨닫게끔 요한에게 일러주었다. 그 말을 듣고 요한은 예수가 어떠한 사람인지 나름대로 결론 내렸을 것이다.

때때로 어떤 이들은 예수가 일군 기적들이 실제로 발생하지 않았으며 성서에 나온 예언에 근거해 만들어낸 것이라고 주장한다. 그러나 그러한 예언을 인용하는 단락을 자세히 살펴보면 이런 주장이 성립될 수 없음을 금방 알 수 있다. 성서에 나오는 예언 중 나병 환자를 가리키는 예언은 없다. 복음서가 나병 환자들을 기록한 이유는 오래된 예언이 그들을 언급해서가 아니라, 예수가 실제로 사람들을 치유했고 그중에서도 나병 환자들이 눈에 띄었기 때문이다.

예수가 순전히 성서의 예언서를 읽고 감명받아 그와 같은 활동을 했다고 추측해서도 안 된다. 그는 고통받는 이들의 삶에 연민을 느꼈다. 그는 자신의 주위, 갈릴래아 촌락들을 둘러보며 수많은 사람이 온전한 삶을 박탈 당하고 손상된 상태로 살고 있음을 보았다. 사랑하는 이를 어렵사리 자기 앞까지 데려오는 평범한 사람들의 신앙에 그는 감동하였다. 사람들은 그에게 치유의 힘을 이끌어냈고 예수는 그들을 신성한 연민으로 대했다. 그는 자신이 빚어낸 치유 사건들이 하느님 나라의 징표라 생각했다. 그에게 치유는 명백히 사랑과 연민으로 가득 찬 하느님께서 진행하시는 일이었다. 예수는 이 신성한 연민을 바탕에 둔 하느님 나라를 세웠다. 그는 성서에 기록된 예언들을 보며 이스라엘의 하느님께서 당신의 나라를 세우실 때 신성한 연민에서 비롯한 치유 사건이 나타난다는 것을 읽어냈다. 다른 이들도 이러한 방식으로 성서를 읽었던 것은 아니다. 그러나 적어도 예수가 성서를 읽었을 때 가장 그의 눈길을 끌었던 내용은 그러한 치유에 관한 내용이었다.

예수의 치유 기적이 성서에 나온 예언에 바탕을 두고 창작된 이야기라고 볼 수 없는 또 다른 이유는 그가 치유를 베풀며 신앙을 요구했다는 점이다. 예수는 치유 받기를 원하는 이, 혹은 병자들을 데려온 이들에게 신앙을 요구했다. 때로 복음서는 예수가 고향인 나자렛에 돌아왔을 때 대다수 나자렛 사람들이 예수를 믿지 않아 매우 적은 수의 병자들만 치유할 수 있었다는 당황스러운 사실을 전한다. 예수가 병자들에게 "네 믿음이 너를 낫게 하였다"(마태 9:22)고 말한 부분을 읽으며 혹자는 예수가 실제로 행한 것은 아무것도 없으며 그는 그저 그들 안에 있는 자기 회복의 가능성을 일깨워 주었을 뿐이라고 추측할 수도 있다. 그러나 이러한 생각은 잘못되었다. "믿음"은 하느님을 신뢰하는 것, 예수를 통해서 가능해진 하느님의 치유하시는 힘을 신뢰하는 것이기 때문이다(이 경우에 하느님에 대한 신뢰와 예수에 대한 신뢰를 애써 구분할 필요는 없다). 믿음은 사람들에게 자신을 넘어선 신성한 연민이 지닌 힘을 경험케 해주었다. 물론 예수는 병자들을 그저 수동적으로 치유받는 대상으로 여기지 않았다. 그는 병자들이 치유 사건에 참여하기를 바랐다. 이 점은 중요하다. 예수는 사람들에게 치유 사건이 하느님과 맺는 관계의 한 방식이 되게끔 하여주었다.

예수는 능숙하게 짧은 비유를 사용했다. 이를테면 자신의 메시지를 받아들이지 않고 저항하던 이들을 짜증 내고 비협조적인 아이들에 견주었다.

> 마치 장터에서 편 갈라 앉아 서로 소리 지르며,
>
> '우리가 피리를 불어도 너희는 춤추지 않았고
>
> 우리가 곡을 하여도 너희는 울지 않았다.'
>
> 하는 아이들과도 같다. (루가 7:32)

한 무리의 아이들이 자신들이 하던 놀이에 다른 아이들이 함께 하지 않는다며 불평한다. 그 놀이가 즐거운 놀이(피리 연주에 맞춰 춤을 추는 놀이)든, 슬픈 놀이(애도하는 놀이)든 말이다. 예수는 세례자 요한과 자신이 받았던 푸대접을 언급하면서 이 이야기를 적용했다.

하느님 나라 세우기 | 81

너희는 세례자 요한이 와서 빵도 먹지 않고 포도주도 마시지
않으니까 "저 사람은 미쳤다" 하더니 사람의 아들이 와서 먹기
도 하고 마시기도 하니까 "보아라, 저 사람은 즐겨 먹고 마시
며 세리나 죄인들하고만 어울리는구나!" 하고 말한다.

(루가 7:33~34)

맹렬한 기세로 활동했던 예언자 세례 요한은 다가올 심판과 회
심의 필요성을 강조했고 그 메시지에 걸맞게 금욕적인 삶의 방
식을 택했다. 그러나 예수가 택한 삶의 방식은 요한과 사뭇 달
랐다. 금욕적인 삶을 사는 대신 그는 모든 사람과 친하게 지냈
고 함께 식사했다.

위에서 언급한, 예수를 적대하는 이들의 말은 일부 사람들이
예수를 어떻게 받아들였는지 보여준다. 악명 높은 죄인과 함께
식사하고 포도주를 마시는 일은 그중 한 사례다. 예수는 통념적
으로 질이 나쁘다고 평가받던 사람들과 함께했다.

당시 사회에서는 누구와 함께 음식을 먹는지가 매우 중요했
다. 모든 전통 사회에서 식사는 단순히 배고픔을 충족하는 행위
이상의 것으로 여겨졌다. 식사에는 많은 상징적인 의미가 담겨
있었다. 특정 사람과 함께 식사하고, 어떤 사람과는 식사하지
않음으로써 사람들은 사회적 경계를 수립하고 또 강화했다. 예

수가 살았던 시기 유대인 사회에서 내집단과 외집단 사이의 경계는 식사 자리를 통해 분명하게 드러났다. 이러한 경계 짓기는 당시 사회에 만연한, 거룩함에 대한 집착을 반영한다.

특히 바리사이인들은 제의적 정결함, 정결함을 유지하며 식사하는 것을 중시했다. 음식은 온전히 십일조를 내고 남은 것으로 만든 것이어야 하며, 깨끗하게 손을 씻고 나서 음식을 먹어야 했다. 불결함은 전염될 수 있기에 부정한 사람과 함께 식사해서는 안 되었다. 몇몇 학자는 예수를 고발한 이유가 이러한 배경에서 비롯되었다고 추정한다. 예수는 정결 규례에는 별다른 주의를 기울이지 않았다. 그는 바리사이인들이 강조한 정결, 그 정결을 지키기 위한 사항에 세세히 신경 쓰지 않던 평범한 사람들과 함께 식사했다. 거룩함은 단순히 정결의 문제가 아니라 윤리적인 문제이기도 했다. 비윤리적인, 극악한 이들과 친밀하게 지내는 것은 한 사람의 윤리적인 온전함을 망가뜨릴 수 있다. 이는 꼭 바리사이인들이 아니라도 생각할 수 있는 문제다.

바로 그런 점에서 예수가 친하게 지낸 죄인 중에 세리가 있었다는 점은 중요하다. 세리는 정결 문제 때문이 아니라 다른 이유로 사람들에게 외면받았다. 그들은 유대인이었지만 로마의 지배자들(혹은 로마의 꼭두각시 왕이었던 헤로데 안디바스)을 위해 일했다. 또한 그들은 위에서 정한 것보다 더 많은 세금을 거두어

하느님 나라 세우기 | **83**

차익으로 생계를 유지했다. 많은 세리가 탐욕을 부려 부유한 삶을 누렸다. 동족 유대인들의 재산을 갈취함은 물론 유대인들이 혐오하던 로마 제국을 위해 일했기에 그들은 유대인 사회에서 따돌림당하기 일쑤였다.

예수가 친구로 삼았던 '죄인들'에는 제의적 정결을 지키지 못한 자들뿐만 아니라, 율법이 요구하는 윤리 조항들을 노골적으로 무시한 이들도 있었다. 세리들은 바로 여기에 해당한다. 복음서는 예수가 창녀들과 친구가 되었다는 이야기도 전한다. 예수의 적들은 이렇듯 그가 다양한 사람들과 거리낌 없이 밥을 먹었던 사실을 무엇보다도 용납하지 못했다. 바리사이인들이 식사 초대를 하자 예수는 이를 받아들였다. 하지만 동시에 세리들이나 자신과 비슷한 부류의 사람들과도 거리낌 없이 함께 밥을 먹었다. 예수는 바리사이인들보다 세리들이나 자신과 비슷한 부류의 사람들에게 더 많은 관심을 기울였다. 예를 들어 부를 축적한 세리 자캐오(삭개오)를 만났을 때 예수는 그의 집에서 머물러야겠다며 자캐오가 자신을 초대하게 하였다.

예수는 그런 사람들이 변할 수 있다고 믿었던 것일까? 그가 요구한 윤리적인 가르침을 생각해 보면 변할 수 있다고 믿었던 것 같다. 자캐오는 예수를 만나고 난 뒤 놀랍게 변화했다. 그러나 예수는 그들이 참회하고 돌이키기 전에도 그들과 함께 음식을 나누었다. 이 점에서 그는 다른 유대인 지도자들과 달랐다. 다른 유대인 지도자들 역시 세리 같은 사람도 회심할 수 있으며 하느님에게 용서받을 수 있다고 생각했다. 그러나 그렇다고 세리와 함께 밥을 먹지는 않았다. 반면, 예수는 하느님의 사랑을 필요로 하는 모든 사람을 가까이했다. 귀신들림에서 벗어나기를 원하든, 죄를 용서해주기를 바라든 그에게는 문제가 되지 않았다. 그는 모든 사람을 가까이하는 것이 하느님께서 자신에게 주신 사명이라 생각했다. 예수는 타인의 부정이나 부도덕에 전염되지 않으려고 자신을 보호하는 행동은 하지 않았다.

예수는 세리 같은 사람이 자신을 돌이켜 새로운 삶을 살기를 바랐지만, 당대 다른 종교 지도자들과는 달리 그들을 비난하지 않았다. 그는 그럴 필요를 느끼지 못했다. 그들 모두가 이미 자신이 죄인임을 알고 있었고 죄를 지었음을 통감하고 있었다. 언젠가, 그는 바리사이인과 세리가 성전에서 함께 기도하는 이야기를 한 적이 있다. 이야기에서 세리는 자신에게 하느님의 용서가 필요하다는 사실을 너무나 잘 알고 있는 데 반해 자신의 종교적인 강직함을 자랑하는 바리사이인은 자신의 잘못을 깨닫지 못한다(루가 18:9~14).* 예수는 자신을 경건함의 표본으로 여기

---

* 예수께서는 자기네만 옳은 줄 믿고 남을 업신여기는 사람들에게 이런 비유를 말씀하셨다. "두 사람이 기도하러 성전에 올라갔는데 하나는 바리사

하느님 나라 세우기 | **85**

고 다른 사람들을 잘못 이끄는 사람들의 오만과 위선을 맹렬하게 비난했다. 예수가 보기에 그들은 자기 자신마저 속임으로써 토라의 중요 계명을 미묘하게 어기고 있었다. 예수는 위선자들보다는 세리와 창녀가 하느님 나라에 더 가까이 있다고 말했다. 그들에게는 세리나 창녀보다도 더 강한 치료제가 필요했다.

예수가 사람들과 나눈 식사의 특징은 예수의 방식과 세례자 요한의 방식을 대조한 이야기를 통해 좀 더 자세히 알 수 있다. 요한과 그의 제자들은 다른 유대인과 마찬가지로 엄격한 금식을 준수했다. 그러나 요한을 포함해 이전에 활동했던 사람들과는 달리 예수는 하느님 나라의 '기쁜 소식'을 전했고, 모든 부류의 사람과 함께 식사를 나누며 이 기쁜 소식을 기념했다. 예수를 따르던 제자들은 금식하지 않았고 이 모습을 보며 요한의 제자들은 당혹스러워했다. 예수는 이를 두고 금식은 결혼식 축하연에서 식사하지 않는 것과 마찬가지로 부적절하다고 말했다.

이파 사람이었고 또 하나는 세리였다. 바리사이파 사람은 보라는 듯이 서서 '오, 하느님! 감사합니다. 저는 다른 사람들과는 달리 욕심이 많거나 부정직하거나 음탕하지 않을뿐더러 세리와 같은 사람이 아닙니다. 저는 일주일에 두 번이나 단식하고 모든 수입의 십 분의 일을 바칩니다' 하고 기도하였다. 한편 세리는 멀찍이 서서 감히 하늘을 우러러보지도 못하고 가슴을 치며 '오, 하느님! 죄 많은 저에게 자비를 베풀어주십시오' 하고 기도하였다. 잘 들어라. 하느님께 올바른 사람으로 인정받고 집으로 돌아간 사람은 바리사이파 사람이 아니라 바로 그 세리였다. 누구든지 자기를 높이면 낮아지고 자기를 낮추면 높아질 것이다."

바리사이인이 일상에서 이루어지는 식사를 신성한 제의를 지키기 위한 의식으로 바꾸었다면, 예수는 일상에서 이루어지는 식사를 다가오는 하느님 나라를 기대하는 의식으로 바꾸었다.

당시 많은 사람은 다가올 메시아 시대는 하느님의 주최로 족장 아브라함이나 이사악(이삭), 야곱 등 하느님의 충직한 사람들이 앉아 함께 음식을 나누는 만찬과 같을 것으로 생각했다. 예수가 보여준 식사는 이 모습을 적절하게 보여주었다. 그가 진행한 식탁 친교 의식은 초대를 받아들여 자리에 나온 사람 모두를 하느님의 사랑으로 환대하는 행위였다. 사람들에게 예수와 함께 음식을 먹는 일은 하느님 나라에 들어가 성서에 등장한 족장들과 함께 식사하는 것과 다름없었다.

가난한 자들에게 속한 하느님 나라

마지막으로 예루살렘으로 가던 도중 예수는 예리고(여리고)를 통과했다. 이때, 길을 가득 메운 군중 뒤편에서 한 눈먼 걸인이 예수에게 관심을 받고자 애썼다. 예수는 그를 발견하고 시력을 회복시켜 주었다. 시력을 회복한 눈먼 걸인은 예수를 따르기로 했는데 마르코의 복음서는 그의 이름이 바르티매오(바디매오)라고 전한다. 예루살렘에서 일어난 초기 그리스도교 운동에서 바르티매오라는 이름은 분명 널리 알려졌을 것이다. 복음서 저자 마르코가 바르티매오에게 직접 이야기를 들었는지도 모른다. 바르티매오라는 이름은 당시 팔레스타인 유대인들 사이에서는 흔한 이름이어서(시몬이나 유다처럼) 단순히 이름만으로는 사람을 구분할 수 없었다. 이 때문에 바르티매오는 당시 관습을 따라 아버지의 이름을 붙인 채로 "티매오의 아들인 바르티매오"로 알려졌다. 바르티매오라는 이름에서 '바르'bar는 아람어로 '아들'을 뜻한다. 티매오는 팔레스타인 유대인들은 거의 쓰지 않았던 그리스식 이름이다. 이러한 표현은 맹인 바르티매오를 다른 '바르티매오들'과 구분시켜 주었다. 이 언급은 복음서에 등장하는 인물들이 역사적으로 타당함을 보여준다는 점에서 가치가 있다(팔레스타인 밖에서 살고 있던 유대인들은 다른 방식으로 이름을 지었다).

고대 그레코로만 문헌에서 걸인이 개별적으로 등장한 경우는 매우 드물다. 특히나 복음서에서처럼 걸인의 이름이 언급된 일은 거의 유례가 없다. 문학 장르에서 봤을 때 복음서와 가장 유사한 당시의 역사서나 전기는 대체로 부유한 엘리트를 다루었다. 그런 사람들이 역사를 만들어간다고 생각했기 때문이다. 문학 작품을 읽는 이들도 부유한 엘리트들이었다(분명 글을 읽을 줄 아는 노예가 소리 내 글을 읽어주었을 것이다). 그레코로만 문헌에서 저자들은 대중 집단을 익명화한 단어 '군중'을 자주 사용해 그들에 대한 경멸감을 드러냈다.

당대의 이런 경향과 복음서는 커다란 차이가 있다. 복음서는 모든 사회 계층을 망라한 사람들을 기록한다. 복음서에는 엘리트 계층에 속한 사람도 있고(예루살렘의 귀족), 엘리트들의 부하(백인대장과 세리)도 있다. 그러나 복음서는 이들보다 당시 인구 대부분을 차지한 평범한 사람들을 더 많이 기록한다(소작농과 어부, 숙련공 등). 더 놀라운 사실은 복음서가 당시 사회 맨 밑바닥에 있는 두 부류를 거리낌 없이 기록했다는 사실이다. 첫 번째 부류는 가난한 사람들이다. 복음서는 흉작이나 병과 같은 불행이 닥치지 않는 이상 생계를 유지할 수 있는 고정 수입을 가진 이들을 '가난하다'고 하지 않았다. 복음서에서 기록한 "가난한 사람들"은 극빈자를 가리킨다. 이들은 부양 수단을 갖고 있지 않기 때문에 주로 다른 사람들에게 동냥함으로써 삶을 유지해야 했다. 이 중에는 가난한 과부도 있었다. 예수는 두 렙톤에 불과한 적은 돈이지만 가진 것 전부를 성전의 헌금함에 넣었던 가난한 과부를 칭찬한다(마르 12:42). "가난한 사람들"에는 장애를 가진 걸인들도 포함되었다. 예수는 그들의 병을 치유하고 사회에서의 존엄성과 역할을 회복시켜 주었다.

대중은 가난한 사람들을 동정했다. 이는 단순히 자립이 가능했던 사람과 극빈자 사이의 경계가 아슬아슬했기 때문만은 아니다. 당시 현실에서는 평범한 사람도 언제든 생활이 궁핍해져 극빈자로 전락할 수 있었다. 두 계층의 차이와 경계는 다소 모호했다. 하지만 이 두 계층 외에, 유대 땅에서 '버려진 사람들'도 존재했다. 이들은 이런저런 문제로 사회에서 완전히 배제된 이들이었다. 나병 환자들, 악령에 사로잡힌 이들(복음서에서 레기온으로 알려진 사람처럼, 자신을 통제할 수 없었던 사람들), 창녀, 노상강도, 범죄자들이 여기에 해당한다. 대중의 시선에서는 세리 역시 이 범주에 들어갔다. 복음서는 이처럼 사회에서 쫓겨난 이들도 상당수 기록한다. 또한 이방인과 사마리아인들(유대인들이 인연을 끊은 이스라엘의 일부 민족)도 기록한다. 이들은 당시 이스라엘 인구에서 엘리트 계층과 마찬가지로 그리 큰 비중을 차지하지 않았다. 그럼에도 불구하고 복음서가 사회 가장 밑바닥에 있던 이들을 엘리트 계층과 그들의 부하 집단만큼이나 비중 있게 기록했다는 사실은 놀랍다. 물론 예수에게 치유받고 예수의 가르침을 듣기 위해 몰려들었던 사람 중 대부분은 평범한 사람들이었을 것이다. 극빈자들도 일부 포함되었을 것으로 보인다.

복음서에 등장하는 인물들의 사회적 지위와 관련된 위와 같은 사실들은 예수가 속했던 사회의 특징과 그가 활동하면서 우선시했던 부분을 반영한다. 예수는 서민이었다. 그의 제자들, 그의 활동에 동조했던 이들 중에는 엘리트 계층에 속한 사람도 있었다(갈릴래아 귀족이었던 요안나, 아리마태아 요셉과 니고데모). 그러나 예수는 지배 엘리트 계층에 매우 비판적이었고 유대 사회를 위로부터 개혁하려고 하지 않았다. 그는 아래로부터의 변혁을 도모했다. 예수가 처음 제자로 삼은 이들, 예수 운동의 핵심이 었던 이들은 대개 어부들이었다. 예수, 그리고 그와 함께 떠도 는 생활을 했던 제자들은 거주지를 포기하고 생계를 유지할 벌 이도 하지 않으면서 자발적으로 극빈자의 삶과 그에 해당하는 사회적 지위를 받아들였다. 예수는 극빈자, 사회에서 배제된 이 들, 치유와 용서, 포용을 찾아 헤매던 이들을 단지 끌어모으지 않았다. 그는 그들을 의도적으로 찾아다녔다. 복음서에 이러한 부류의 사람들이 많이 등장하는 것은 이러한 사실을 반영한다. 그는 자신의 사명이 무시당하고 경멸당하는 이들에게 관심을 두는 일이라고 생각했다. 이러한 사명에 바탕을 둔 활동은 사회 맨 밑바닥에 있는 이들에게 그들도 하느님 나라에 속해 있음을 깨닫게 해 주었다.

하느님 백성을 회복하는 일

예수가 한 상징적인 행동 중 가장 중요한 행동은 특수한 사명 을 위해 제자 중 열두 명을 선별한 일이다. 12라는 숫자는 분명 이스라엘 민족의 12지파를 떠오르게 한다. 그는 실제 12지파에 속한 이들을 뽑지는 않았다. 우리는 열두 제자 중 두 쌍의 형제들이 포함된다는 사실을 알고 있다. 그러나 열두 제자는 상징적으로 이스라엘 민족의 이상적인 구성, 즉 열두 지파에 속한 사람들을 모두 포함하는 모습을 떠올렸다.

이러한 상징을 통해 우리는 예수가 자신이 하느님에게 받은 사명을 어떻게 이해했는지 두 가지 중요한 면을 살필 수 있다. 첫 번째, 예수의 사명은 하느님의 백성인 이스라엘 12지파 모두를 향했다. 세례자 요한처럼 예수는 이스라엘 민족을 향해 긴급한 메시지를 전했다. 그는 사람들에게 회개하고 하느님께로 돌아갈 것을 촉구했다. 그리함으로써, 그는 사람들이 각자의 삶을 재구성해 메시아 시대에 하느님께서 선택하신 이스라엘 민족이 본연의 모습을 회복하기를 바랐다. 세례자 요한처럼 예수도 회개하지 않는 자들이 받을 심판을 예언하긴 했지만, 그가 벌인 활동의 특징은 심판에 있지 않다. 그는 하느님의 은총과 자비, 연민, 치유, 그리고 용서로 가득한 하느님 나라가 이미 왔다고 보았다. 이 때문에 예수는 하느님의 양들 중 "길 잃은 양들", 이런저런 이유로 사회의 주변부에 머물거나 배제된 사람들, 걸인, 귀신들린 자, 악명 높은 죄인에게 각별한 관심을 보였다. 도래하는 하느님 나라는 그러한 사람들을 구석에 두지 않고 그들 모두를 환대할 것이다. 하느님 나라는 신적인 치유와 연민이라는 모습으로 도래하기 때문에 그러한 사람들과 특별한 관련을 맺고 있다. 예수는 자신의 역할을 의사에 견주었다.

> 건강한 사람에게는 의사가 필요하지 않으나,
>
> 병든 사람에게는 필요하다. (마태 9:12)

두 번째 측면은 열두 제자를 지명한 사실에서 발견할 수 있다. 예수는 하느님께서 베푸시는 자비의 손길을 내밀어 사람들을 하느님 나라로 초대하는 한편, 제자들로 구성된 공동체를 세워 회복된 백성들을 위한 중추 역할을 감당하게 했다. 히브리 성서에서 예수의 열두 제자에 걸맞은 선례는 열두 지파의 선조인 족장들보다는 출애굽 이후 이스라엘 민족들을 이끌기 위해 모세가 지명한 각 지파의 대표자들이다. 열두 제자는 새로운 출애굽 여정에서 이스라엘을 이끌 지도자들이었다. 제자들은 예수와 함께 다니면서 어떻게 그의 활동을 이어나갈지를 익혔다. 그들은 예수를 좇아 사람들을 치유하고, 귀신을 내쫓으며, 극빈자들과 배제된 이들에게 하느님 나라의 복음을 전하는 사명을 가졌다.

그러나 특별히 선택된 이 열두 제자 외에는 예수를 따르던 이들이 없었다거나, 혹은 그들만 예수와 함께 다니며 활동했으리라고 상상해서는 안 된다. 루가의 복음서는 일련의 제자군에 관

하느님 나라 세우기 | **93**

한 큰 그림을 제공한다. 이들은 대개 익명이었으나 몇몇은 이름이 기록되었고 꽤 중요하게 다루어지기도 한다. 열두 제자는 특별히 상징적인 역할을 감당했으나, 이들 외에도 많은 사람이 예수를 따라 이스라엘 전역을 돌아다녔다. 집단의 크기와 구성은 때에 따라 일부 변화를 겪었다. 몇몇 기록을 봤을 때 예수의 활동이 끝나가던 시기에는 그 수가 상당히 감소했다. 일부 사람들은 예수가 자신들이 바라던 유형의 메시아가 아님을 알고 실망했던 것 같다. 그러나 그가 마지막으로 예루살렘을 방문할 때까지, 그리고 예루살렘에 들어가서도 그는 언제나 제자들과 함께 했던 것으로 보인다. 제자군에는 남녀가 섞여 있었으며 열두 명 이상이었다.

열두 제자 외에 특별히 중요한 사람들은 여성 제자 집단이다. 열두 제자는 그들이 환기하는 성서의 선례 때문에 남성으로 이루어져야 했지만, 루가의 복음서는 몇몇 여성이 예수 활동 초기부터 그가 죽음을 맞이할 때까지 함께 했음을 강조한다. 가장 대표적인 여성은 막달라 마리아고 한 명을 더 꼽자면 요안나를 들 수 있다. 그녀의 남편은 헤로데 안디바스의 궁전에서 일한 고위 관리였다. 그녀는 아마도 예수와 제자들을 재정적으로 후원한 여인 중 한 사람이었을 것이다(대부분의 남성 제자들은 가정을 부양하는 일을 등지고 예수를 따라나섰다. 이 때문에 그들은 제자들의 공동자금에 거의 아무것도 보태지 못했다). 그러나 단지 재정상의 이유만으로 여성들이 예수의 제자가 되었던 것은 아니다. 그들(그중 몇몇 부유하고 영향력 있던 여성들은 바리사인이었다)이 예수 운동을 재정적으로 후원만 했다면 집에 머문 채 별다른 수고를 하지 않고서도 예수와 제자들의 활동을 지원할 수 있었을 것이다. 그러나 남성 제자들처럼 여성 제자들도 후원 외에 예수와 다니며 함께 활동했다.

예수는 자신과 함께하기 위해 집과 가족을 떠난 제자들에게 매우 가혹한 요구를 했다. 그들은 예수와 하느님 나라 운동에 완전히 헌신해야 했다(두 가지는 그의 말에서 분리되지 않는다). 아버지의 장례를 치르고 나서 예수를 따르기 원했던 한 사람에게 그는 말했다. "죽은 자들의 장례는 죽은 자들에게 맡겨두고 너는 나를 따르라."(마태 8:22) 이때 하느님 나라 운동이 갖는 중요성과 시급함은 십계명 중 하나(부모를 공경하라는 계명)보다도 우선하는 것처럼 보인다. 비슷한 이유로, 그는 자기보다 가족을 더 사랑하는 사람은 제자가 될 수 없다고 말하면서 이를 일반적인 원칙으로 만들었다. 아마도 그에게 자신을 향한 제자들의 헌신과 하느님을 향한 헌신은 다르지 않았을 것이다. 그래야만 이러한 요구가 말이 된다. 하느님을 향한 헌신은 가족을 향한 의무보다도 중요했기 때문이다. 하느님 나라가 임박한 상황에서 예수에게는 다른 어떤 활동도 자신과 함께하는 것보다 더 중요할 수는 없었다.

제자들은 예수가 지닌 사명, 평범한 사람이 감당하기에는 매우 버거운 일에 함께 참여했다. 그들 또한 자신의 삶에서 회복된 이스라엘 사회의 모습을 미리 구현하고자 했다. 달리 말하면, 하느님의 통치를 온전히 누리는 사회가 어떠한지를 이 땅의 삶에서 보여주려 했다. 이는 예수가 이해한 하느님 나라의 독특함을 인지하는데 매우 중요하다. 이에 관한 자세한 설명은 다음 장에서 다루겠다.

예수와 이스라엘 땅을 함께 돌아다녔던 제자들 외에도 집에 머무르면서도 예수의 이야기, 행동에 공감하며 그를 지원한 사람들이 있었다. 몇몇은 예수와 제자들을 환대했다. 이를테면 예루살렘 부근에 살았던 마르타와 마리아, 라자로는 여러 차례 예수를 초대했고 그의 가장 가까운 친구였다. 복음서 한 대목에서 마리아는 예수의 곁에 앉아 그의 가르침에 귀 기울이는 모범적인 제자로 그려지기도 한다. 마리아가 예수의 발에 매우 값비싼 향유를 부었다는 점을 생각해 보면 이들 가정은 상당히 부유했던 것 같다. 이처럼 예수에게는 집에 머무르면서도 그를 지지하는 사람이 많았다. 복음서는 때때로 이런 사람들도 제자들이라고 부른다. 그러나 그들에게 예수가 자신을 따르기 위해 무엇을 요구했는지는 불분명하다. 제자가 따라야 할 바를 말할 때 그는 상당히 독특하고 극단적인 표현을 썼다. 그럼에도 불구하고 그는 자신의 말을 들은 모든 사람이 집을 포기하고 방랑하는 길을 택하지는 않을 것을 인지하고 있었던 것으로 보인다.

제자 집단을 좀 더 크게 정의한다 하더라도 예수가 자신의 메시지를 전하면서 많은 이들에게 기대했던 반응에 견주면 그를 따른 이들은 소수에 불과하다. 수많은 사람이 예수를 통해 병을 치유받았고 그의 이야기를 듣기 위해 모여들었다. 그러나 대부분은 예수가 요구한 대로 철저하게 자신을 돌이키는 길을 택하지 않았다. 활동이 마무리에 접었을 즈음 했던 것으로 보이는 예수의 몇몇 말들에는 이러한 현실에 대한 깊은 실망과 슬픔이 담겨 있다. 그러나 그는 제자들이라는 작은 무리만이 자신이 행한 활동의 유일한 결과라 결론짓지는 않았다. 죽기 전까지 그는 제자들을 계속해 훈련함으로써 그들을 통해 활동을 이어가려 했다.

이 맥락에서 우리는 예수가 이스라엘 너머의 세계에 관해 어떻게 생각했는지를 알아둘 필요가 있다. 그가 하느님 나라가 거의 도달했다고 생각했다면, 그는 자신의 활동 범위를 이스라엘로 한정하지는 않았을 것이다. 성서에 수록된 예언들은 분명하게 온 땅이 하느님 나라의 통치 아래 있게 될 거라고 약속했기 때문이다. 이스라엘에서 펼쳐진 예수 자신의 활동은 이 예언을 성취하기 위해서 필요했던 첫 번째 걸음이었다. 하느님의 계획에 따라, 맨 처음 이루어져야 하는 것은 하느님이 선택하신 백성의 회복이었다. 이 이스라엘 민족이 참 하느님을 아는 지식을 나머지 다른 민족에게 전할 것이다. 이런 점에서 예수는 자신을 따르는 제자들이 언젠가 기쁜 소식을 들고 전 세계를 향해 나아갈 거라고 생각했을 것이다.

예수가 이방인과 만난 이야기는 그리 많지 않다. 그러나 그중 한 흥미로운 이야기는 예수가 자신의 활동을 어떻게 이해했는지를 보여준다. 갈릴래아 북서쪽에 있는 해안 지역 페니키아에 예수가 방문했을 때였다. 아마도 그는 그곳에 사는 유대인들을 만나기 위해 갔을 것이다. 이때, 악령에 사로잡힌 딸을 둔 한 이방 여인이 예수에게 도움을 청한다. 이방 여인에 대한 예수의 반응은 무례해 보일 정도로 부정적이다. "자녀들을 먼저 배불리 먹여야 한다. 자녀들이 먹는 빵을 강아지들에게 던져주는 것은 좋지 않다."(마르 7:27) 예수는 "먼저"라는 말을 사용해 자신의 활동이 우선적으로 유대인들을 상대로 하는 것임을 보여준다. 언젠가 이방인들을 위해서 활동할 때도 있겠지만 아직은 아니라고 말하고 있는 것이다. "강아지들"이라는 단어는 유대인이 이방인을 가리킬 때 사용했던 일상적인 단어다. 당시 유대인들은 종교적으로 부정하다고 여겼던 이방인들을 거리를 배회하며 쓰레기 더미를 뒤졌던 주인 없는 개들에 비유했다. 예수는 떠돌이 개가 아니라 집을 지키며 가족들의 남은 음식을 먹었던 강아지라는 말을 사용함으로써 의도적으로 그 말이 지닌 어감을 순화시켰던 것 같다. 예수의 말에 이방인 여인은 다시 답한다. "선생님, 그렇긴 합니다만 상 밑에 있는 강아지도 아이들이 먹다 떨어뜨린 부스러기는 얻어먹지 않습니까?"(마르 7:28) 이 대답은 고집스러우면서도 재치있다. 그녀의 대답은, 이방인을 가리키는 단어를 의도적으로 순화했던 예수의 재주에 비견할 만했고 예수는 크게 감동했다. 그녀의 대답 덕분에 예수는 자신의 활동을 새로운 시각으로 바라볼 수 있었다. 물론 그의 사명은 이스라엘과 관련이 있었지만, 자신을 믿는 이방인들을 피해야 할 필요는 없었다. 그가 이방인들을 만난다고 해서 유대인들이 무언가를 빼앗기거나 제외되는 일은 없기 때문이다. 연민을 바탕으로 하느님께서 행하시는 베풂은 흘러넘쳐 이방인들에게까지 닿는다. 이는 지금까지도 풍요롭게 이어져 내려오고 있다.

요한의 복음서에 나타난 하느님 나라

요한의 복음서가 다른 복음서들과 비교했을 때 드러나는 차이점 중 하나는 다른 복음서에서 예수가 "하느님 나라"(혹은 하늘

나라)라는 표현을 많이 사용하는 데 반해, 요한의 복음서에서 예수는 단 두 번만 이 표현을 쓴다는 점이다. 그리고 두 번 모두 예수가 니고데모와 이야기를 나누는 부분 초입에 등장한다. 이때도 예수는 "영원한 생명"eternal life이라는 표현을 사용해 하느님 나라를 이야기한다. 처음에 그는 하느님 나라를 보는 것과 그 나라에 들어가는 것을 말한 뒤, 이어서 영원한 생명을 얻는 일을 말한다. 예수의 가르침을 해석하며 요한은 예수가 하느님 나라에 관해 자주 말했지만 "영원한 생명"이라는 표현을 더 선호했다고 판단했다. 이러한 해석이 획기적인 발견은 아니다. 공관복음에서도 예수는 종종 "영원한 생명"이나 "생명"이라는 단어를 하느님 나라와 같은 의미로 쓴다. 이 말 외에도 요한은 예수의 가르침 중 공관복음에서 드물게 나오는 표현이나 주제를 더 빈번하게 사용하곤 했다.

요한이 "영원한 생명"이라는 표현을 더 선호했다는 사실은 하느님께서 하시는 일의 모습이 아닌, 하느님께서 하시는 활동에 담긴 내용을 살피게 해준다. 하느님 나라뿐 아니라 영원한 생명도 하느님에게서 비롯되었지만, 초점을 바꿀 수 있게 해주는 것이다. 요한의 복음서에서 말하는 영원한 생명은 그 기원을 하느님께 두고 있는 생명을 말한다. 죽으면 끝나는 이승에서의 '삶'과는 구분해야 하지만 그렇다고 해서 이 말이 단순히 죽지 않는 존재가 되는 것을 뜻하지는 않는다. 영원한 생명은 하느님과의 관계를 통해 삶을 충만하게 누리는 것, 하느님께서 인류에게 주신 모든 축복을 최고도로 풍성하게 누리는 삶을 가리킨다. 예수의 사명은 이를 가능케 하는 것이었다. 요한의 복음서에서 그는 말한다. "나는 양들이 생명을 얻고 더 얻어 풍성하게 하려고 왔다."(요한 10:10)

공관복음과 마찬가지로 요한의 복음서에서도 예수가 행한 치유는 하느님 나라가 다가왔다는 표징으로 그려진다. 이는 단지 치유가 기적이어서가 아니라, 그 사건들이 하느님 나라의 성격을 드러내는, 치유하시는 하느님의 자비를 드러내기 때문이다. 요한의 복음서는 예수가 행하는 치유 기적을 그가 가져온 영원한 생명을 드러내는 사건으로 보며 요한은 이를 보통 "표징"sign 이라고 부른다. 이러한 점을 고려해 볼 때 우리는 요한의 복음서가 왜 다른 복음서들과 달리 상대적으로 기적 이야기가 적은지, 요한이 왜 기적 이야기들을 나름의 기준으로 선별했는지를 유추할 수 있다. 그가 보기에 예수가 행한 모든 것은 '생명'과 관련되어 있어야 했다. 요한의 복음서가 그리는 예수는 치유를 통해 손상된 생명을 회복하고, 음식을 제공하여 생명을 지탱해 주며, 죽은 지 사흘이 된 남자를 소생시켜 생명을 되살린다. 예수가 이 땅에 생명을 준 이러한 '표징'들은 모두 영원한 생명이라는 더 큰 선물을 가리킨다. 예수는 죽음으로써, 그리고 스스로 영원한 생명에 도달함으로써 이를 가능케 했다. 혹자는 요한의 복음서에서 첫 번째 기적으로 그리는, 가나의 혼인 잔치 이야기는 이 생명-기적 공식에 들어맞지 않는다고 생각할지도 모른다. 그러나 당시 유대인들에게 포도주는 생명의 상징이었으며 그들은 언젠가 메시아가 오면 이를 축하하는 연회가 열리고 포도주가 넘칠 거라 믿었다. 가나의 혼인 잔치에서 예수가 제공한 많고도 질 좋은 포도주는 풍부하고 고양된 삶, 예수가 이 땅에 가져 온 흘러 넘치는 충만한 삶을 뜻한다. 또한 요한의 복음서에서 생명은 빛과 밀접한 연관을 맺고 있다. 이 점에서 맹인을 치유한 이야기는 빛을 보는 것에 대한 상징이다. 시력을 되찾은 맹인은 생명의 빛으로 걸어갈 수 있게 된다. 요한의 복음서에 나오는 상징에 관한 이 간략한 스케치를 통해 나는 요한이 어떻게 예수 생애에서 일어난 사건들을 보도하는지를 보여주려 했다. 요한은 다른 복음서들과 연결되는 맥락에서 예수가 행한 일들을 이해했지만, 그보다 좀 더 나아가 그 사건들의 중요성을 부각하려 애썼다.

예수는 자신의 사명이

무시당하고 경멸당하는 이들에게

관심을 두는 일이라고 생각했다.

이러한 사명에 바탕을 둔 활동은

사회 맨 밑바닥에 있는 이들에게

그들도 하느님 나라에 속해 있음을

깨닫게 해 주었다.

예수는 이야기를 통해 사람들에게

자신이 믿는, 하느님께서 자신의 백성 이스라엘에게

행하실 새로운 일들을 사람들에게 알렸다.

제5장 / 하느님 나라를
가르침

가르침의 방식

예수는 간접적인 의사소통을 선호했다. 때때로 직접적이고
단도직입적으로 말하기도 했지만 훨씬 많은 경우 청자들의 상
상력에 호소하거나 생각을 불러일으키는 방식으로 설교했다.
그는 자주 질문했고 그에 대한 답은 주지 않았다. 예수는 자주
다른 것에 비교하는 방식을 활용하여 이야기를 전했다. 이를 위
해 그는 은유나 직유, 비유, 그리고 함축된 뜻이 있는 이야기들
을 활용했다. 예를 들어 "하느님 나라는 최고의 가치를 지니고
있기에 당신은 이를 얻기 위해서는 모든 것을 포기할 수 있다"
정도로 말할 수도 있는 이야기를 그는 좋은 진주를 찾아다니던

하느님 나라를 가르침 | **105**

장사꾼이 어느 날 매우 값진 진주를 발견하고 이를 사기 위해 가진 모든 것을 팔았다는 이야기를 전했다. "내 제자가 되기 원한다면 굳게 결심을 해야 하며 오직 이와 관련된 활동만 생각해야 한다"라고 할 수도 있는 말을 예수는 이렇게 말했다. "쟁기를 잡고 뒤를 자꾸 돌아다보는 사람은 하느님 나라에 들어갈 자격이 없다."(루가 9:62)

심지어는 명백히 단도직입적으로 보이는 말들이 과장법이나 아이러니로 밝혀지기도 한다. 예수는 여러 차례 사람들이 당혹스러움을 느낄 만큼 극단적인 예를 들어 가르쳤다. 가령, 그는 누군가 겉옷을 달라 하면 속옷까지도 벗어 입고 있는 모든 옷을 그 사람에게 주라고 말했다. 이런 말은 "누구든지 제 목숨을 살리려는 사람은 잃을 것이며 제 목숨을 잃는 사람은 살릴 것이다"(루가 17:33)라는 말처럼 역설과 수수께끼다. 또한 그는 사람들을 가리킬 때 비유를 활용했다. 헤로데를 두고는 "저 여우"라고 했고, 제자들은 자신의 "작은 양 떼"라 불렀으며, 수제자는 "반석"이라 불렀고, 바리사이인들을 향해서는 "독사의 자식들"이라고 일갈했다. 자기 자신을 두고는 "사람의 아들"이라고 했는데 이 표현도 수수께끼다. 자신이 맞이할 운명을 말할 때는 "비워야 할 잔", "받아야 할 세례" 등 수수께끼 같은 표현을 썼으며 자신의 미래를 가리킬 때는 히브리 성서에 등장한 표현을 활용해 생생한 이미지를 만들어내기도 했다. "그때 사람들은 사람의 아들이 구름을 타고 권능을 떨치며 영광에 싸여 오는 것을 볼 것이다."(루가 21:27)

말뿐 아니라 행동을 할 때도 예수는 간접적인 방식을 선호했다. 우리는 이미 앞에서 그가 다양한 사람들과 가졌던 식사 자리에 담긴 풍부한 상징적 의미를 살펴본 바 있는데 그 외에도 수많은 예가 있다. 때때로 예수의 행동은 그가 말한 바를 잘 보여준다. 이를테면 그는 한 아이를 품에 안은 채 제자들에게 하느님 나라에 들어가려면 이 아이처럼 되어야 한다고 말했다. 행동이 그 자체로 메시지가 될 때도 있다. 당나귀를 타고 예루살렘에 입성한 것은 그 대표적인 예다. 예수가 했던 상징적 행동 중에서 가장 대표적인 것은 제자들의 발을 씻어주었던 일이다. 이때 그는 노예가 하던 일을 자청하여 떠맡았다.

예수가 왜 그렇게도 간접적인 방식을 선호했는지를 완벽하게 해명할 수는 없다. 그러나 간접적인 방식은 이야기든, 행동이든 간에 발화하는 순간과 의미를 포착하는 순간 사이에 잠시 멈추어 생각할 틈을 제공한다. 그 찰나의 순간에 그가 사용한 인상적인 비유는 사람들의 정곡을 찌르고 일정한 충격, 기쁨, 신선한 깨달음을 제공한다. 순간적인 틈은 청자가 메시지를 충분히 이해할 수 있는 시간을 벌어줄 수도 있다. 물론 그럼에도 이야기가 무슨 뜻인지 몰라 고민에 빠질 수도, 이야기의 중요성에 숙고하느라 그 멈춤의 순간이 한없이 길어질 수도 있다. 어떠한 방식으로 이루어지든 간접적인 방식을 통해 발생하는 멈춤의 순간, 틈은 청자가 통념적인 견해를 다시 생각해볼 수 있게 해주고, 다른 시각에서 그 사안을 볼 수 있게 하며 결과적으로 자기 생각을 돌이켜 보게 한다. 이러한 방식은 청자를 이야기에 푹 빠지게 하면서도 동시에 뜻밖의 진실을 흘려보내 그를 덮치게 한다.

예수가 비교한 대상들과 우화에 사용했던 소재들은 1세기 팔레스타인 일상에서 손쉽게 찾아볼 수 있다. 그는 히브리 성서에 나오는 친숙한 이미지들을 차용했으며 (하느님을 이스라엘 민족의 목자로 이해한다든가, 이스라엘을 하느님의 포도밭이라고 말하는 것) 히브리 성서의 특정 단락이나 이야기를 인용했다(가령 토라의 명령이나 요나의 이야기 같은 것들). 그러나 종교 지도자들과 토론할 때면, 그는 자신이 익힌 성서 해석을 사용하지 않았다. 그의 생각은 히브리 성서에 깊이 뿌리내리고 있었지만, 이 생각을 말로 풀어낼 때는 누구나 알고 있던 일상에서 소재를 따와 신선한 비유를 만들었다. 내러티브로 된 우화들은 예수보다 한참 뒤에 등장한 유대 랍비들의 우화와 상당히 유사하다(물론 다른 점도 있다). 예수는 아마도 자신의 이야깃거리를 특정 이야기들을 모아 둔 모음집에서 가져왔을 것이다. 이 모음집은 후대에까지 이어져 랍비들이 유대인들에게 종교적인 가르침을 전할 때 활용되었던 것으로 보인다. 물론 예수가 이렇게 떠돌아다니던 이야기들을 그대로 사용한 것 같지는 않다. 모든 훌륭한 이야기꾼이 그렇듯, 그는 통용되던 모티프들을 활용해 자신의 이야기를 만들어 나갔다. 비슷한 모티프를 활용하더라도 예수의 이야기와 후대 랍비들의 이야기에는 현격히 다른 점이 하나 있다. 랍비들은 하느님을 언제나 "왕"이라고 부르지만, 예수는 단 두 번만 그렇게 한다. 대신 예수는 "땅의 주인", "집 주인", "아버지"라는 말을 사용했다. 권위 있는 인물을 가리키는 이러한 말들은 대다수 청자의 일상에서 자주 쓰인 말들이었고 때문에 청자들에게 친숙하게 다가갔다. 그가 쓴 비유와 그 배경은 매우 소박한 일상인 경우가 많았다. 시골을 터전으로 살았던 평범한 사람들은 그의 비유를 더 의미 있게, 그리고 손쉽게 이해했을 것이다. 이러한 특징은 하느님 나라에 관한 예수의 이해를 보여주기도 한다. 그는 하느님 나라가 이 땅에서 이제 막 형태를 갖추기 시작했으며 그 모습은 소박하다고 생각했다.

최근 들어 예수의 말 중 내러티브로 된 비유들이 주목을 받고 있다. 내러티브 비유를 어떻게 정의하느냐에 따라 그 수가 달라지므로 정확한 개수를 매기기는 어렵지만 공관복음에는 내러티브 비유가 40여 개 정도 있으며 정경화 과정에서 탈락한 문헌들에는 대여섯 개쯤 있다. 내러티브 비유는 (앞에서 언급한 상인과 진주 이야기처럼) 매우 짧은 이야기부터 상대적으로 긴 이야기들(널리 알려진 탕자의 비유나 선한 사마리아인의 비유)까지 다양한 형태로 존재한다. 이야기 진행을 보면 상대적으로 길다고 말한 내러티브 비유도 실제로는 그리 길지 않다. 예수는 비유를 들어 말할 때 쓸데없는 말을 하지 않았다. 비유는 이야기가 전하고자 하는 바에 충실하게 쓰인다. 그가 전한 이야기들은 매력이 있었고 듣는 이들을 끌어당겼다. 오늘날에도 내러티브 비유가 인기 있고 영향력을 행사하는 것은 바로 이런 이유 때문일 것이다. 어떤 이야기들은 결말을 예측할 수 없게끔 고안되었다. 어떤 경우엔 결말을 예측할 수 있을 때 좀 더 효과적으로 이야기를 전달할 수 있음에도 불구하고 말이다. 이야기들은 당시 평범한 사람들의 일상과 관련되어 있었지만 그 주제가 과장법을 통해, 청자들에게 충격을 주는 방식으로 제시되었기 때문에 현실적이라는 느낌은 주지 않는다. 내러티브 비유를 이해하는 좋은 방법은 이야기가 무엇을 말하고자 하는지 세목을 따지기보다는 이야기 자체가 우리에게 충격을 줄 수 있도록 놓아두는 것이다. 특히 이야기가 놀라운 반전을 일으켰을 때 이를 있는 그대로 받아들이는 태도가 필요하다. 이러한 충격적이고 기이한 이야기 전환은 일상에서 습관화된 우리의 태도와 기대를 깨뜨려 전복적인 메시지를 받아들일 수 있게 해준다. 물론 모든 내러티브 비유가 그런 것은 아니다. 어떠한 의미에서든, 예수는 혁명적인 사상가는 아니었다.

대체로 예수는 비유를 활용해 하느님과 세상에 관한, 넓은 차원에서의 윤리적 교훈이나 진리를 가르치지 않았다. 그가 전한 이야기의 대부분은 하느님 나라에 관한 이야기였다. 예수는 이야기를 통해 자신이 믿는, 하느님께서 자신의 백성 이스라엘에게 행하실 새로운 일들이 무엇인지를 사람들에게 알렸다. 그러므로 널리 알려진 탕자의 비유 같은 이야기도 단순히 회심하는 이들을 향한 하느님의 사랑만을 말하고 있는 것이 아니다. 좀더 구체적으로, 이 이야기는 하느님께서 당신의 용서하는 사랑을 현실화하기 위해 예수의 활동을 통하여 사람들에게 어떠한 일을 하고 계시는지를 말해준다. 특히 하느님의 백성 중 하느님의 사랑에서 가장 멀리 떨어져 있는 것처럼 보이는 이들을 위해서 말이다.

내러티브 비유들과 견주었을 때 예수가 한 짧은 격언들은 그 수가 훨씬 더 많은데도 일반적으로 주목을 받지는 못하고 있다. 근대적인 독서 습관을 지닌 독자들은 흔히 예수의 짧은 격언들을 대충 읽고 넘기는 경향이 있다. 본래 격언들은 청자, 혹은 독자가 이야기를 들은 뒤(혹은 읽은 뒤) 잠시 멈추어 서서 곱씹어보도록 의도되었다. 때로 격언들은 예수가 가르친 내용을 사람들이 쉽게 기억할 수 있게끔, 그리하여 사람들의 생각에 녹아들어 행동으로 이어질 수 있게끔 압축되어 있다. 청원하는 기도에 관한 예수의 격언은 그 대표적인 예다.

구하여라, 받을 것이다.
찾아라, 얻을 것이다.
문을 두드려라, 열릴 것이다. (마태 7:7)

어떤 격언들은 의도적으로 수수께끼처럼 만들어졌고 사람들이 그 의미를 헤아리기 위해 골똘히 생각해 보게끔 만들어졌다.

누구든지 가진 사람은 더 받을 것이며
가지지 못한 사람은 그 가진 것마저 빼앗길 것이다. (마르 4:25)

예수가 전한 가르침들은 대부분 구전 사회oral society에 걸맞은 형태를 갖추고 있다. 비유들은 이야기를 들려주는 문화에서 통용되던 것이었고 격언들은 잠언과 금언을 귀하게 여긴 문화에서 적절하게 쓰일 수 있다. 수수께끼는 어렵긴 하지만 흥미로운 문제들을 푸는 것을 좋은 오락거리로 여기던 문화를 반영한다. 이러한 문화를 반영하는 그의 가르침들은 세심하게 공들인 것들이다. 그 가르침들은 즉흥적인 연설이 아니었으며 준비된 공식들이었다. 그는 한 번으로 끝낼 수도 있는 이야기들을 사람들을 가르치며 반복적으로 사용했다. 사람들이 자신의 말을 기억하게끔 하려는, 일종의 암기법이었다. 예수는 제자들이 자신이 한 말을 기억하기를 바랐을 것이다. 그리고 제자들은 실제로 그의 말을 기억했다. 고대 사회에서는 무언가를 기계적으로 암기하는 때도 많았으므로 제자들 또한 완벽하게 일치할 수는 없다 해도 예수가 자신들에게 전했던 말을 기억하려 닥치는 대로 외웠을 가능성도 있다. 복음서가 증언하듯 예수가 오랜 시간 제자들과 군중에게 가르침을 전했다면 그 가르침은 산만한 방식으로 이루어졌을 것이다. 그러나 우리에게 전해지는 예수의 비유와 격언들은 특정 형태를 갖추고 있고 일정한 메시지가 그 안에 응축되어 있다. 이는 사람들의 기억을 돕기 위해 예수가 고안한 결과물이었고 이것들이 우리가 갖고 있는 공관복음에 담겨있다. 복음서 저자들은 예수가 썼던 비유와 격언을 엮어 전형적인 상황에 놓은 다음 그가 전했던 설교를 재구성했다. (요한의 복음서 저자) 요한도 널리 알려진 예수의 말들을 엮었지만 그는 공관복음 저자들과는 다른 방식으로, 예수가 실제로 했을 법한 긴 담

하느님 나라를 가르침 | 113

화에 비유와 격언들을 포함했다. 요한의 복음서에 나오는 설교들과 대화에는 널리 알려진 예수의 말들에 대한 요한 자신의 이해가 반영되어 있으며 그렇기에 다른 복음서와 견주었을 때 상대적으로 산만하다. 그러나 그 대신 요한의 복음서는 예수가 긴 시간에 걸쳐 가르침을 전했을 때 했을 법한 방식을 보여준다.

마지막으로, 우리는 예수가 가르치는 일에 얼마나 열심이었는지를 알아야 한다. 이는 짧은 기간에 예수가 사람들에게 어떻게 그런 강렬한 인상을 남길 수 있었는지를 부분적으로 설명해준다. 그는 이곳저곳을 돌아다니며 회당에서 설교했고 모든 곳에서 환영받았다. 때로는 탁 트인 곳에서 수많은 사람을 가르치기도 했으며 예루살렘에 있을 때는 성전 뜰에서도 가르침을 전했다. 저녁 식사를 초대받았을 때는 가르침을 주기 위해 사람들과 이런저런 이야기를 나누었다. 자신이 선택한 소규모의 제자 집단에게는 이곳저곳을 다니는 와중에 길에서, 잠시 쉬었다가는 장소에서 집중적으로 가르침을 전했다. 가르침을 전할 때는 여성과 남성을 가리지 않았는데 당시 사회에서 흔한 일은 아니었다. 예수는 니고데모처럼 박식한 구도자들과도 밤늦게까지 대화를 나누었으며 다른 랍비들과도 활발하게 토론했다. 그들이 무언가를 물어보면 때로는 친절하게 때로는 적대심을 담아 답했다. 드물게, 당시 사회적 상황에서 예수가 피했던 것은 비유대인과의 접촉(왜 그랬는지에 대해서는 나중에 살펴볼 것이다), 그리고 갈릴래아 지역에 있는 도시인 세포리스와 티베리아를 방문하는 일이었다. 아마도 *그*가 그 도시들을 찾지 않은 이유는 진노한 헤로데 안디바스를 피해 다니는 이들에게 그 도시들이 위험했기 때문일 것이다. 또 하나 기억해둘 부분은 예수가 유대인 랍비로서는 이례적으로, 유대인들이 가짜 이스라엘 민족이라 여기던 사마리아인들에게도 설교했다는 점이다.

아바, 그 나라의 하느님

예수의 삶과 행동은 그가 '아버지'라고 불렀던 하느님과의 관계에 바탕을 둔다. 그는 하느님을 위해, 하느님께서 자신에게 주셨다고 믿은 사명에 충실하기 위해 자신의 삶을 바쳤다. 그는 하느님의 통치를 제정하고 선언했다. 이때 하느님은 두말할 것 없이 히브리 성서가 증언하는 하느님이다. 그분께서는 만물을 창조했고 또 다스리신다. 또한 그분께서는 이스라엘 민족을 자신의 특별한 백성으로 삼아 이스라엘 백성 각자의 삶을 자신에게만 바치라고 요구하셨다. 이를 위해 그분께서는 법규인 토라를 이스라엘 민족에게 주셨다. 그분은 너그럽고 연민으로 가득 차 있으며, 신뢰할 수 있는 분이다. 히브리 성서는 하느님이 지닌 성품을 "사랑과 진실이 넘치는"(출애 34:6)이라는 말로 요약하지만, 때로는 그 신성함에 경외심을 담아 말하기도 한다. 하느님께서는 자신의 백성 중에서 반역한 자들과 악한 이들을 용서와 인내로 대하나 언제까지나 용납하시지는 않으신다. 그분은 가난한 자와 약한 자는 도우시지만, 끊임없이 악한 일을 하는 자에게 가차 없는 벌을 내리신다.

유대인들이 자신들이 믿는 하느님에 관해 알고 있는 내용 중 많은 부분은 이야기 형태로 되어 있다. 히브리 성서는 하느님께서 이 세상과 이스라엘을 어떻게 대하시는지를 웅장하게 서술한다. 예수가 살았던 시기에 유대 랍비들은 저 이야기들을 꾸준하게 사람들에게 들려줌으로써 당시 상황과 이야기 사이의 연관성을 보여주려 했다. 앞서 언급했듯 대다수 평범한 유대인들은 매년 열리는 성전 축제에 참여해 하느님 이야기에 담긴 중요한 요소를 되새겼다. 이야기들은 하느님께서 미래에 이스라엘 민족에게 하셨던 많은 약속이 실현될 거라 말했다. 더 나아가, 이야기들은 모든 민족이 이스라엘을 통해 한 분 하느님을 섬기게 될 거라 말했다. 하느님 나라가 도래했다는 예수의 메시지도 이 이야기들을 따른다. 그가 사람들에게 알린 하느님은 노예 상태에 있던 백성을 이집트에서 건져내시고, 그들에게 율법을 주시고, 약속된 땅에 살게 해주신 이스라엘의 하느님이었다.

그러나 예수가 전한 메시지에는 새로운 점도 있었다. 그는 하느님과 하느님의 백성 간의 관계에 관해 말하면서 예언자들이 "새날"이라 말했던 방식으로 활동하고 계신다고 보았다. 이는 그전까지 유대인들의 하느님 이야기에서는 나오지 않았던 내용이었다. 예수는 히브리 성서에 담긴 하느님 묘사, 하느님에 관한 이야기 중 어느 것도 거부하지 않았지만 이를 바탕으로 하느님을 묘사할 때 기존 요소들을 새롭게 배열했다. 때로 그는 하느님에게 새로운 이름을 붙이기도 했다.

예수가 활동하던 시기 유대인들은 하느님을 부를 때 특별한 경외심을 담아 불렀다. 그들은 특별히 하느님을 YHWH라 칭했다. 이 말은 모세에게 하느님이 당신을 드러내시면서 썼던 말을 단어화한 것으로 사람들은 이 말이 거룩하다고 여겨 1년에 한 번 대제사장이 하느님을 부를 때 말고는 누구도 소리 내 말하지 않았다. 사람들은 경외심을 담아 하느님을 에둘러 가리키는 다양한 말을 사용했다. 예수 또한 하느님의 이름을 함부로 부르지 않았지만 당시 가장 흔하게 대체어로 사용되던 "주님"Lord(대부분의 영역 성서는 히브리 성서의 하느님을 표현할 때 이 대체어를 쓴다)이라는 말을 쓰지는 않았다. "하느님"God이라는 단어를 썼지만 우리가 쉽게 예상하듯 이 말도 그리 많이 쓰고 있지는 않다. 당시 유대인들이 그랬듯 그 또한 하느님의 활동을 직접 언급하지 않기 위해 수동형 동사를 자주 썼다. 이를테면 "슬퍼하는 사람은 행

하느님 나라를 가르침 | 117

복하다. 그들이 위로를 받을 것이다"(마태 5:4)라고 예수가 말했을 때 여기에는 하느님께서 그들을 위로하실 것이라는 뜻이 담겨 있다.

예수가 하느님을 가리킬 때 당시 유대인들과는 달랐던 점이 있다. 즉, 그는 '하느님 나라'를 꾸준히 말했지만, 하느님에 관해 직접 이야기할 때 단 한 번도 하느님을 '왕'이라 부르지 않았다. 그가 전한 비유들에서도 하느님을 가리키는 인물이 왕인 경우는 극히 드물다. 대체로 그는 하느님을 세대주나 땅 주인, 혹은 아버지에 빗대어 말했다. 비유를 제외하면 그는 한 번도 하느님을 '왕'이라 부른 적이 없으며 '주님'이라는 말도 매우 드물게 썼다. 그가 자주 사용했던 호칭은 '아버지'였다. 당시 유대 문헌에서는 하느님을 '왕'이나 '주님'으로 묘사하는 것이 일반적이었고 '아버지'라고 부르는 경우는 거의 없었다. 예수는 단 한 번도 하느님의 주권을 거부하거나 경시하지 않았다. 그렇지 않았다면 그가 전한 가르침에서 '하느님 나라'가 그렇게 중요한 위치를 차지하지 않았을 것이다. 하지만 그는 이 세계에서 '왕'들이 했던 통치방식이 억압적임을 알고 있었고 하느님을 '왕'에 빗대어 말하는 것의 한계를 분명하게 알고 있었다. 그는 하느님 통치의 본질적인 성격을 자주 "아버지 되심"fatherhood으로 묘사했다.

물론 고대 세계의 왕들도 종종 자신을 백성의 아버지로 선언함으로써 자신이 백성들을 자애롭게 통치하고 있음을 드러내려 했다. 또한 유대 사회는 일반적으로 아버지에게 자식들을 다스릴 수 있는 권위를 부여했다. 이것은 하나의 이념이었다(십계명 다섯 번째 조항은 자녀들이 부모를 공경해야 한다고 규정한다). 하느님의 아버지 되심을 강조할 때 예수는 이 말에 권위와 애정 어린 보살핌이 결합하여 있다는 사실을 잘 알고 있었을 것이다. 그는 아버지라는 말이 지닌 두 가지 상과 특성을 모두 활용했다. 이러한 사실은 그 자체로는 그리 새롭지 않다. 매우 드물긴 하나 히브리 성서와 후기 유대교 문헌은 하느님을 아들 이스라엘의 아버지로 묘사한다. 이러한 묘사들을 통해 하느님의 애정 어린 보살핌과 보호, 연민과 용서, 종종 고집 센 자녀를 사랑으로 교정해주는 모습이 부각된다. 동시에 이러한 묘사들은 아버지이신 하느님을 공경하고 그분에게 순종해야 한다는 점을 자녀들에게 요구한다. 예수의 독특한 점은 하느님에 관한 유대인들의 사고방식을 철저하게 따르되 그 특권을 다른 사람들에게도 주었다는 것이다.

모든 복음서에서 예수가 기도하며 하느님을 부를 때 언제나 '아버지'라 말했다는 사실은 주목할 필요가 있다. 단 한 번 예외가 있다면 십자가 처형을 당할 때 십자가 위에서 그가 울부짖으며 하느님을 찾던 순간이다. 이때 그는 시편 일부를 인용한다

("나의 하느님, 나의 하느님, 어찌하여 나를 버리셨나이까?"). 그러나 이 때조차 예수의 말들(반복되는 "나의 하느님")을 통해 부각되는 것은 하느님과의 인격적인 친밀함이다. 일반적으로 예수는 하느님을 부를 때 '아버지'Father라고만 불렀다. 유일한 예외는 "하늘과 땅의 주님이신 아버지"(마태 11:25, 루가 10:21)뿐이다. 예수가 아버지라는 말을 썼을 때 그 말에 담긴 아버지는 '우리 아버지'가 아니라 '내 아버지'였다. 그가 제자들에게 '아버지'께 기도하라고 가르쳤을 때 아버지는 '우리 아버지'를 뜻한다. 그러나 예수는 '우리 아버지'의 '우리'에 자신을 넣지 않았다. 이러한 용어 사용은 하느님을 왕 혹은 주님으로 불러 그의 권위를 환기한 당시 유대 문헌들과 비교된다. 훗날 유대인들이 통상적으로 했던 전례에서도 자주 하느님을 '우리 아버지'라 불렀지만, 이때 아버지라는 말은 대부분 '우리 왕'이라는 표현과 함께 나온다. 이러한 표현은 예수 활동 시기까지 거슬러 올라가는 것으로 보인다. 그러나 이때도 개인이 기도할 때 하느님을 '내 아버지'라 부른 사례는 극히 드물다.

마지막으로, 예수가 하느님을 부를 때 사용했던 실제 단어가 아람어 '아바'Abba였음을 알아야 한다. 헬라어로 쓰인 마르코의 복음서가 예수가 실제로 쓴 언어를 그대로 보존했다는 점은 주목할 만하다. '아바'는 몇몇 사람들이 생각하듯 당시 어린아이들만 썼던 말은 아니다. 일반적으로 유년기에서 성인기에 이르기까지 자식들은 집에서 아버지를 부를 때 이 말을 썼다. "내 아버지"나 "우리 아버지"라는 말도 가족 관계의 친밀함을 보여주지만, '아바'라는 말은 이를 더욱 두드러지게 만든다. 하느님을 향한 어떤 다른 기도문에서도 이 단어가 사용된 흔적이 발견되지 않았다. 물론 이러한 사실이 예수만 유일하게 기도할 때 이 단어를 썼음을 입증하지는 않는다. 그러나 이는 적어도 '아바'라는 말의 독특함과 예수가 이 단어를 신중하게 선택했음을 암시한다. 이후 바울의 편지를 통해 알 수 있듯 아람어를 사용했던 그리스도교인들뿐 아니라 아람어를 모르고 헬라어로 말했던 그리스도교인들도 이 단어를 지속해서 사용했다. 이 사실은 매우 중요하다. 초기 그리스도교인들은 이 단어가 예수와 하느님의 관계를 표현하는 특별한 단어이며 예수가 제자들에게 알려주어 쓰라고 한 말이라고 여겼을 것이다. 예수가 한 몇몇 말들은 이를 뒷받침한다.

아버지께서는 모든 것을 저에게 맡겨주셨습니다.

아버지밖에는 아들을 아는 이가 없고

아들과 또 그가 아버지를 계시하려고

택한 사람들밖에는

아버지를 아는 이가 없습니다. (마태 11:27)

여기서 예수는 다른 관계에 비할 수 없는 아버지와 아들의 친밀함을 말한다. 이는 아들만이 가진 특별한 권리지만, 아들은 하느님에게 접근할 수 있는 이 특권을 다른 이들에게도 나누어주었다. 이제 다른 사람들도 여기 들어와 가족이 될 수 있다.

하느님을 애정이 그득히 담긴, 친밀한 분으로 깊이 경험했기에 예수는 기꺼이 하느님에게 복종하고 자신을 바쳤을 것이다. 그는 자신과 하느님의 친밀함을 표현하기 위해 '아바'라는 단어를 택했다. 또한 그는 아버지에게 받은 사명이 하느님 나라를 제정하는 일, 즉 하느님의 백성 이스라엘을 회복하고 그들과 하느님 사이의 관계 또한 회복시키는 일이라고 생각했다. 이 일은 하느님의 연민 어린, 용서하는 사랑의 활동으로 일어나고 있었다. 이는 오래된 일이었지만 동시에 새로운 일이었다. 이스라엘 민족은 하느님의 사랑을 늘 아버지의 사랑으로 알고 있었다. 그러나 예수는 이 사랑을 완전히 새로운 것, 예언자들이 예견했던 완전히 새로운 계약의 관계에 적용했다. 그가 하느님을 아바라 부르고, 제자들에게도 이 말을 쓰라고 가르쳤을 때 예수는 자신의 체험으로 확신한 하느님의 연민 어린 사랑이 다른 이들에게 전해지고 있음을 알고 있었을 것이다. 그러한 면에서 우리는 아바를 하느님의 새로운 이름으로 보아야 할지도 모른다. 하느님의 백성 이스라엘의 기원, 즉 그들이 이집트에서 탈출할 때 하느님께서는 모세에게 YHWH라고 말씀하심으로써 백성이 자신을 부르게 하셨다. 그분은 알려지지 않은 신이 아니었다. 그분은 아브라함과 이사악, 야곱의 하느님이었다. 이집트를 탈출할 때 이스라엘 백성은 하느님과 함께 역사의 새로운 국면을 열고 있었고 YHWH라는 이름은 여기에 부합했다. 이와 유사하게 예수는 '아바'를 새로운 시작, 새로운 출애굽, 자신의 백성과 맺는 계약에 어울리는 하느님의 새로운 이름으로 이해했을 것이다. 이 이름은 회복된 이스라엘이 하느님을 알 수 있는 이름이었다. 이 이름은 기존에 있던 YHWH를 대체하지는 않았다. 하지만 YHWH 대신 하느님을 에둘러 부르던 여러 이름에 저 말이 추가되었다.

예수가 제자들에게 가르쳐 준 기도는 이렇게 시작한다.

아버지 당신의 이름이 거룩히 여김을 받으시오며 (루가 11:2)

루가의 복음서에서 이 기도는 아람어 원어인 아바를 반영한다. 반면 더 널리 알려진, 마태오의 복음서에 나온 기도는 조금 다르게 표현했다.

하늘에 계신 아버지, 당신의 이름이 거룩히 여김을 받으시오며

(마태 6:9)

유대인들은 이 기도를 들었을 때 본능적으로 "이름"에 해당하는 말이 YHWH라 생각했겠지만 예수가 실제로 의도한 것은 아바였을 것이다. 이러한 사실은 초기 그리스도교인들이 왜 그리도 이 특정한 아람어 단어를 중요하게 여겼는지, 심지어 헬라어로 말했던 이들조차 왜 이 단어를 썼는지 설명해 준다. "아버지 당신의 이름이 거룩히 여김을 받으시오며"라는 기도에는 예수도 공유하고 있던 신성한 이름에 대한 유대인들의 경외감과 '아바'에게 받은 예수의 특별한 사명을 이끈, 하느님의 연민 어린 사랑에 대한 친밀한 느낌이 결합하여 있다.

현대 사회는 하느님의 아버지 되심에 관한 예수의 가르침을 제대로 이해하지 못한다. 예수는 모든 사람이 하느님의 피조물이므로 그분의 자녀라 주장하지 않았다. 이러한 생각은 히브리 성서나 초기 유대 문헌, 신약성서에서는 찾아볼 수 없다. 이 문헌들에서 아버지 되심이란 하느님과 그의 백성 간의 친밀한 관계를 뜻한다. 예수 본인도 하느님의 아버지 되심에 관한 자신의 이해를 새롭다고 여기지 않았다. 그는 하느님의 아버지 되심은 히브리 성서에서 얼마든지 찾을 수 있는 관념이라고 여겼다(예외

가 있다면, 그것은 예수 자신이 느낀 아바 하느님과의 특별한 친밀함이다. 예수의 생각에서 새로운 점은 하느님께서 하시고자 하는 활동이다).

그러므로 예수가 묘사하는 사랑의 하느님에게 공의에 바탕을 둔 분노가 배제되어 있다고 생각하는 것은 지극히 현대적인 착오다. 자비와 용서의 하느님께서는 당신이 베푸시는 자비를 거절하는 이들, 용서를 거부하고 파괴적인 악의 길을 끊임없이 걷는 이들을 벌하신다. 예수는 하느님 나라에 관해 설교할 때 언제나 곧 뒤따를 심판을 피하기 위해서 결단해야 한다고 긴급한 어조로 말했다.

토라 해석

유대교 전통에서 랍비들은 삶을 어떻게 살아야 할지 가르칠 때 대체로 두 가지 방식으로 가르쳤다. 하나는 모세의 율법을 해석하여 각 조항이 정확히 무엇을 요구하는지를 정의하는 방식이다. 다른 하나는 지혜롭게 사람들을 훈계하는 방식이다. 이 때 훈계는 세심하게 만들어진 격언, 사람들이 어떻게 살아야 할지 현자들이 이야기한 것으로 전해지는 잠언을 활용해 이루어졌다. 히브리 성서에 수록된 잠언서는 이처럼 사람들을 훈계하는 데 사용된 대표적인 문헌이다. 예수가 활동하던 당시 이 두 가지 방식은 완전히 분리되지 않았다. 율법은 그 자체로 신성한

하느님 나라를 가르침 | 125

지혜를 담고 있는 것으로 여겨졌고, 지혜로운 훈계는 율법에서 비롯된 것으로 여겨졌다. 물론 이 두 가르침은 상대적으로 차이가 있었다.

예수의 가르침 대부분은 지혜롭게 사람들을 훈계하는 방식으로 이루어져 있다. 예수는 바리사이인과 에세네인들이 벌였던 율법 토론에 아주 가끔 참여했으나, 부지런히 모세의 율법과 토라를 해석했다. 모든 랍비가 그랬듯 예수도 토라를 하느님이 당신의 백성에게 그것에 따라 살라고 주신 가르침으로 여겼다.

당시 유대교는 어떻게 토라를 해석하는지에 따라 당파가 나뉘었다. 예수도 토라를 해석했고, 그래서 다른 유대 랍비들과의 토론에 참여했을 것이다. 오늘날 학자들은 예수의 토라 해석이 매우 독특하다는 데 의견을 모은다. 몇몇 학자들이 추측한 것과는 다르게 그는 토라를 폐하거나 의도적으로 무시하지 않았다. 몇몇 부분과 관련된 그의 해석이 급진적이었기에 그렇게 보일수 있을 뿐이다. 분명 그는 당시 있던 어떤 해석 전통과도 자신을 동일시하지 않았다. 당시 권위를 인정받던 바리사이인들의 해석 전통을 그는 경멸했으며 이를 거슬러 자신의 혁신적인 방식을 내놓았다.

한 번은 어떤 율법 전문가가 예수에게 토라 중에 가장 중요한 명령이 무엇인지를 물었다. 다른 사람들도 종종 이러한 질문을 제기했다. 613개의 토라 규정은 광범위하게 해석할 수 있는 윤리적 명령부터 매우 구체적인 규정까지 범위가 넓기 때문이다. 율법에 따라 살려는 사람은 누구든 그 우선순위에 대해 어느 정도 기준을 갖고 있어야 했다. 후대 유대 랍비들은 어떤 율법이 가장 중요한지에 대해 나름의 견해를 제공했던 것으로 보인다. 물론 특정 조항을 가장 중시한다고 해서 다른 조항을 무시하는 것은 아니다. 이 물음에 대해 예수는 답을 내놓았다. 이 답은 완전히 새롭지는 않았으나, 분명 독특했다.

> 첫째가는 계명은 이것이다. '이스라엘아, 들어라. 우리 하느님은 유일한 주님이시다. 네 마음을 다하고 목숨을 다하고 생각을 다하고 힘을 다하여 주님이신 너의 하느님을 사랑하여라.' 또 둘째가는 계명은 '네 이웃을 네 몸같이 사랑하여라' 한 것이다. 이 두 계명보다 더 큰 계명은 없다. (마르 12:29~31)

질문자는 가장 중요한 계명 하나가 무엇인지를 물었는데 예수는 두 개를 말해주었다. 현대의 독자들은 종종 두 계명이 모세의 율법에 있는 것임을 알지 못한 채 이 부분을 지나치곤 한다. 그러나 예수는 사랑하라는 율법을 만들지 않았다. 다만 그는 질문한 사람이나 이 토론을 구경했던 이들도 이미 익숙하게 알고 있던 율법 조항들을 가장 중요한 두 개의 계명으로 추렸을 뿐이다. 첫 번째로 말한 계명은 '쉐마'라고 불리던 계명으로 독실한 유대인이라면 누구나 이 구절을 매일 암송했다. 이 계명은 유대인들의 핵심 신조였다. 그러나 토라는 직접 이 규정을 이웃을 사랑하라는 명령에 연결하지 않는다. 토라에서 사랑하라는 두 가지 명령은 멀리 떨어져 있다. 예수는 같은 단어를 포함한 관련 단락들을 연결하는, 유대교의 표준적인 성서 연구 기술을 활용해 두 계명을 하나로 묶었다. 토라에는 문법적으로 "너는 …를 사랑하여라"라고 말하는 부분이 네 번 나오는데, 두 계명은 그중 일부다. 한 분 유일하신 하느님을 향한 온전한 헌신은 모든 계명 중에서도 우선권을 갖는다. 우리는 이 부분에서 예수가 얼마나 하느님에게 집중했는지 다시 한 번 발견한다. 현대 독자들이 생각하듯 그는 하느님을 향한 사랑을 접고 이웃 사랑을 강조한 게 아니다. 하느님 사랑은 이웃 사랑을 요구한다. 여기서 사랑이 어떤 감정적인 애정을 말하는 것이 아님은 분명하다. 사랑은 신성한 명령에 대한 순종적 반응이며 의지, 행동과 관련되어 있다. 물론 쉐마는 사랑이 한 사람의 온전한 내적 사랑을 포함해야 한다고, 복종은 마음에서 우러나와야 한다고 분명하게 말한다. 이 문제에 관해 예수가 어떻게 말했는지는 뒤에서 살필 것이다.

두 계명을 우선시하면 나머지 율법 계명 해석에 어떠한 영향을 미칠까? 한 가지 가능성은, 계명끼리 서로 충돌할 때 두 계명을 바탕으로 우열을 나눌 수 있다는 것이다. 법전을 해석할 때 이런 일은 흔했으며 랍비들도 이를 알고 있었다. 이를테면 토라에서는 남자아이가 태어나면 8일째 되는 날에 할례를 행하라고 명한다. 그러나 그 날이 하필이면 모든 일을 금지하는 안식일이라 생각해보자. 이때 두 명령은 상충하며 둘 중 하나를 우위에 두어야 문제를 해결할 수 있다. 예수는 이웃을 사랑하는 명령에 우선권을 두어 두 명령이 충돌할 경우 다른 명령이 상위 명령을 따라 움직이도록 의도했다. 널리 알려진 선한 사마리아인의 비유는 그 대표 사례. 토라의 세부 요구사항들을 잘 알지 못하는 현대 독자들은 이러한 사실을 파악하기가 쉽지 않다.

선한 사마리아인의 비유에서 강도의 습격을 받은 한 남자는 반쯤 죽은 채로 길 구석에 쓰러져 있다. 사제와 레위인(성전에서 일하던 사람들)이 먼저 이 남자를 발견했다. 그들은 조심해서 걸으며 죽어가는 사람과 거리를 유지했다. 토라는 죽은 이가 친척인 경우를 제외하고는 사제들이 시체에 가까이 가서 시체의 불결함을 입어서는 안 된다고 구체적으로 규정하기 때문이다. 레위인 또한 사제와 마찬가지로 제의적 정결 기준을 지켜야 했던 것 같다. 평범한 이스라엘 사람들에게는 이러한 정결 기준이 적용

하느님 나라를 가르침 | **129**

되지 않았다. 바로 이러한 점 때문에 예수는 최초의 두 인물을 사제와 레위인으로 설정했을 것이다. 그들은 강도당한 남자에게 가까이 가야만 죽었는지 그렇지 않은지 확인할 수 있었고 그가 정말 죽었다면 시체의 불결함을 입게 될 터였다. 불결한 시체와 접촉해서는 안된다는 율법 조항을 우선시한 나머지 이웃을 사랑해야 한다는 율법을 무효화한 것이다. 그가 살아있다면 그들은 마땅히 강도 맞은 남자를 도와야 한다.

청자가 이 비유를 들으면 사제와 레위인이 틀렸다고 판단하고, 내키지 않더라도 사마리아인이 옳았음을 인정하게 된다. 당시 사마리아 민족은 변절한 민족이긴 했으나 모세의 율법을 준수했다. 유대인들은 그런 그들을 싫어했다. 비유에서 유대인들이 토라를 제대로 이해하지 못한다고 생각하던 사마리아인은 이웃을 사랑하라는 율법이 다른 어떤 것, 이를테면 유대인과 사마리아인들 사이의 격렬한 다툼보다도 우선한다는 점을 알았다. 비유는 먼저 죽어가는 남자에 대한 청자들의 동정심을 자극한다. 그다음에는 이웃을 사랑하라는 명령이 다른 어떤 것보다도 중요하다는 점을 깨닫도록 청자를 인도한다. 이 이야기에서 선한 사람이 사마리아인이라는 사실을 듣고 어떤 사람들은 충격을 받을 수도 있다. 그러나 그럼으로써 그들은 누군가 절망적인 상황에 빠져 도움을 요청할 때 다른 무엇보다 사랑을 실천해야 한다는 율법을 따라야 함을 깨닫는다. 예수는 사제가 정결에 관한 율법을 따르지 말아야 한다고 말하지 않았다. 다만 그는 그 중요성을 격하했다. 더 중요한 계명이 우선권을 얻어야 하기 때문이다.

히브리 성서는 이스라엘 백성이 사랑해야 하는 '이웃'을 동료 이스라엘인으로 한정했다. 그러나 예수는 율법의 핵심적인 명령을 다루었을 때와 마찬가지로 윤리적인 명령이 포함하는 대상을 가능한 한 넓게 확장했다. 예수는 "원수를 사랑하라"고 명령했는데, 이 윤리적인 명령에는 어떤 한계가 없다. 이제 사람들은 동료 이스라엘일 뿐 아니라, 증오하는 사람까지를 사랑해야 한다. 물론 예수 이전에도 보복을 금지하거나, 악을 악으로 갚지 말라는 원칙이 이따금 있기는 했다. 그러나 원수를 사랑해야 한다는 명령을 만들어 증오하는 사람에게도 선한 일을 하라고 말한 것은 예수가 처음이다. 더 놀랄 만한 사실은 이 '원수'가 단순히 개인적인 차원의 '원수'가 아니라는 점이다. 유대 사회에서 이미 개인적인 원수는 사랑해야 할 '이웃'의 범주에 들어 있었다. 예수가 사랑해야 한다고 주장한 원수는 민족의 원수였다. 사람들은 예수의 이 말을 들었을 때 자연스럽게 로마인을 떠올렸을 것이다.

윤리적인 명령의 한계를 없앰으로써 범위를 확대하는 과정은 예수의 해석과 모세 율법이 말하는 명령이 직접 충돌하는 몇몇 사례에 담긴 의미를 설명해 준다. 이를테면 모세 율법이 법정에서 거짓 증언하지 말라고 명령한 데 반해 예수는 제자들에게 어떤 것을 두고도 증언, 맹세하지 말라고 가르쳤다(이때 증언이나 맹세는 현대 사회에서 일상적으로 쓰이는 '맹세'를 뜻하지 않는다. 예수가 말하는 증언이나 맹세는 어떤 사람의 진실함을 보증하기 위해 법정에서 맹세하고 증언하는 상황을 전제한다). 토라에서는 적어도 법정에서 증언할 때만큼은 진실해야 한다고 요구하는 데 반해 예수는 때와 장소를 가리지 않는, 전적인 진실함을 요구한다. 예수를 따르는 이들이 어느 순간이든 진실하다면 법정에 들어갈 필요도 없어질 것이다. 다른 사례로는 법의 공정한 징벌 원칙에 대한 예수의 명령을 들 수 있다. 기존의 징벌 법칙은 '눈에는 눈, 이에는 이'였다. 이 원칙은 보복의 정도를 제한한다. 여기에 맞서 예수는 제자들에게 절대로 보복하지 말라고 가르쳤다.

때로 예수는 내면화를 주문함으로써 윤리적인 명령의 범위를 확장하기도 한다. 그는 살인을 저지르지 말아야 할 뿐 아니라, 살인을 일으킬 수 있는 분노를 마음에 오래도록 품어서도 안 된다고 말했다. 마찬가지로, 간통을 저질러서는 안 될 뿐 아니라, 간통을 일으킬 수 있는 성욕을 마음에 키워서도 안 된다고 말했다. 이렇게 죄의 동기까지 간섭하는 것이 완전히 새로운 율법 해석은 아니었다. 이를테면 십계명 마지막 조항, 즉 남의 것을 탐내지 말라는 명령은 마음의 상태까지 규정한다. 예수는 이러한 규정을 살인 금지나, 간통 금지와 같은 명령에도 적용했다.

지금까지 이야기한 모든 사례는 넓은 차원에서 율법을 확장하거나 그 의미를 강화한 경우로 볼 수 있다. 우리는 이를 하느님의 백성을 더욱 거룩하게 하기 위한 것으로, 바리사이인들이 제시한 방식과 비교, 대조되는 강령으로 이해해야 한다. 바리사이인들은 율법의 의미를 강화하는 데에만 골몰했다. 그들은 제의적인 정결에만 초점을 맞추었기에 율법이 요구하는 것보다 더 높은 수준의 정결함을 유지하려 애썼다. 그러나 결과적으로 그들이 예민하게 대한 부분은 십일조와 안식일과 관련된 문제뿐이었다. 예수는 이런 바리사이인들을 격렬하게 비판하며 그들이 더 중요한 문제, 율법의 윤리적인 명령은 무시하면서 그보다 작은 문제들에만 집중한다고 말했다. 그는 바리사이인들의 모습에 냉소하며 "하루살이는 걸러내면서(그들이 마시는 것에서 미미한 불순물은 제거하면서도) 낙타는 삼키는구나"라고 말했다(낙타는 팔레스타인 지역에서 가장 큰 동물이었다). 역사에서 실제로 바리사이인들이 윤리적인 가치들에 전혀 관심을 보이지 않았다고 말할 수는 없다. 다만 그들은 제의적인 정결을 증대하는 일에 관심을 집중했을 뿐이다. 그러나 예수는 윤리적인 명령을 강화했기 때문에 상대적으로 제의적인 정결의 중요성은 낮게 보았다. 이러한 차이 때문에 예수와 바리사이인은 자주 충돌했다. 둘 다 하느님 백성을 거룩하게 하는 일에 깊은 관심을 두고 있었으나 사안에 접근하는 방식은 매우 달랐다.

특히 둘이 충돌한 부분은 안식일의 준수 여부였다. 음식 규정이나 정결법 외에, 안식일을 준수하는 일은 유대인의 정체성을 구성하는 중요한 요소였다. 안식일 준수는 유대인을 이방인과 구별되는 하느님의 백성으로 규정했다. 예수가 안식일 준수를 위반하면서 그리 위급하지 않은 환자를 치유하거나, 그의 제자들이 배고픔을 해결하기 위해 들판에 있는 밀알을 잘라먹었을 때 유독 바리사이인들이 적대적인 태도를 보였던 것은 바로 이 때문이다. 기억해야 할 사실은, 예수가 활동하던 당시 안식일에 일을 하면 안 된다는 규정을 두고 마다 해석함에 있어 엄격함의 정도가 달랐다는 것이다. 에세네인은 이 조항을 바리사이인보다 더 엄격하게 지켰다. 예수는 이 문제를 두고 자신만의 입장을 갖고 있었다. 그는 때때로 덜 중요한 율법을 지키느라 더 중요한 원칙을 무시하는 경우가 있음을 의식했다(이는 앞서 다룬 선한 사마리아인의 비유로 다룬 바 있다). 다른 이들도 마찬가지였고 많은 이들이 이를 두고 다양한 논쟁을 벌였다. 대체로 사람들은 자신의 생명이나 타인의 생명을 구해야 하는 경우에는 일을 해도 된다고 인정했다. 가축의 생명을 구해야 하는 경우도 마찬가지였다. 예수는 생명을 위협하는 정도가 아닌 상황에도 안식일 규정을 유연하게 적용했다. 그는 안식일에 심각하지만 치명적이지는 않은 질병을 치유했고, 죽을 정도는 아니지만 굶주린 상태에 있던 제자들이 밀 이삭을 베는 일을 허용했다. 예수는 이를 통해 안식일이란 하느님이 주신 선물이지 부담이 아님을 분명하게 보여주려 했다("안식일이 사람을 위하여 있는 것이지, 사람이 안식일을 위하여 있는 것은 아니다." (마르 2:27)).

안식일 논쟁에서 예수는 몇 가지 특징을 보인다. 그는 대체로 누군가 자신의 행동을 걸고넘어져 문제를 제기하기 전까지는 논쟁에 참여하지 않았지만, 이 문제를 두고서는 랍비들 간에 진행되던 토론에 적극적으로 참여했다. 다음으로, 예수는 안식일에 할 수 있는 일의 범위, 남들이 설정한 한계를 확장했지만 별도로 '일할 수 있는 범위'를 명확하게 규정하지 않고 남겨두었다. 바리사이인과 다른 많은 이가 안식일에 무엇을 할 수 있고, 무엇을 할 수 없는지를 정확하게 결정하기 위해 애썼지만 예수는 오히려 안식일에 하더라도 상관없는 일들을 말하는 데 관심을 보였다. 밀 이삭을 베어 먹은 일화의 경우 그는 히브리 성서 일부를 인용하지만 결국 의존한 것은 자신의 권위였다.

사람의 아들은 또한 안식일의 주인이다. (마르 2:28)

예수가 토라를 해석한 방식은 독창적이거나 독특하지는 않다. 다양한 유대교 당파가 위와 같은 문제들을 이미 논의하고 있었다. 그러나 분명 예수는 율법을 준수하는 일에 익숙하던 다른 이들에 비해 율법을 훨씬 더 자유롭게 해석했다. 그는 토라가 궁극적으로 말하고자 하는 바에 주목했고 이를 발전시켜 문자적인 의미를 훨씬 넘어서까지 의미를 확대했다. 그는 토라를 따를 때 당대 많은 사람이 강조한 부분들을 그리 중요하게 여기지 않았다.

게다가, 그는 율법이 지닌 의미에 관해 특별히 강력한 주장을 표명하지 않았으며 그리 열심히 논쟁하지 않았다. 비교적 예수의 토라 해석을 많이 찾아볼 수 있는 산상 수훈 끝자락에 마태오의 복음서 기자는 설명을 덧붙였다.

군중은 그의 가르침을 듣고 놀랐다. 그 가르치시는 것이

율법학자들과는 달리 권위가 있기 때문이었다. (마태 7:28~29)

여기서 "율법학자들"이란 율법을 전문적으로 다루는 사람들을 뜻한다. 예수는 전통적으로 내려오는 가르침에 의존하지도, 전

문 지식에 의존하지도 않았다. 그는 하느님의 뜻을 직접 알았던 모세와 유사한 방식으로 말했다.

예수가 토라를 해석한 내용들은 그의 독특한 메시지였던 하느님 나라의 도래와 연결되어 있다. 이 때문에 그의 해석은 새로운 환경에 걸맞은 독특한 토라 해석으로 자리매김했다. 그의 해석은 하느님의 통치가 가까이 왔다고 믿으며 새로운 상황에서 하느님의 뜻에 따라 살고자 했던 사람들을 위한 해석이었다. 이에 바탕을 둔 예수 운동은 민족의 신성함을 부르짖던 바리사이인의 운동과 경쟁했다. 그는 하느님 나라가 이 땅에 완전히 임한 미래를 상정하고 토라를 해석하지는 않았다. 그의 가르침은 이스라엘에 적이 있고, 사람들이 강도에게 돈을 뜯기고, 여전히 남녀가 결혼을 하는 평범한 세상을 상정했다. 그러나 그는 그러한 상황에서도 다가올 하느님의 통치를 미리 살고자 하는 사람들을 위해 가르쳤다. 그의 토라 해석이 보여주는 강렬함, 극단적인 면모는 단순히 가르치는 방식이 아니었다. 그는 이를 통해 그 명령을 지키는 일이 절대적으로 중요하다는 점을 강조하고자 했다. 이는 하느님 나라가 가까이 옴에 따라 가능해진, 새로운 삶의 가능성과도 연결된다. 입증할 수 있는 문헌적 암시는 없지만, 예수는 새로운 계약에 관해 말할 때 예레미야의 예언에 영향을 받은 것으로 보인다. 히브리 성서에 있는 예레미야

하느님 나라를 가르침 | **137**

의 예언에서 하느님께서는 약속하신다.

> 그 마음에 내 법을 새겨주어, 나는 그들의 하느님이 되고
> 그들은 내 백성이 될 것이다. (예레 31:33)

적어도, 이 구절은 율법에 진실하게 복종하는 원천이 진실한 마음이라고 보았던 예수와 일관성을 보인다.

다른 사회

앞에서 예수가 하느님의 통치와 이 땅의 통치를 대조시켰음을 살펴본 바 있다. 이러한 사실은 예수가 하느님의 '왕' 이미지가 아닌 '아버지' 이미지를 사용하는 특권을 사람들에게 주었다는 점에서 분명하게 드러난다. 하느님의 통치와 이 땅에서 이루어지고 있는 통치의 더욱 확실한 대조는 그가 제자 공동체의 성격을 규정하는 사회적 관계를 말할 때, 하느님의 통치가 실행되기 전 이 사회에서 먼저 이루어질 관계를 말할 때 드러난다. 그는 끊임없이 당시 사회 구조들과 관계를 반대했으며 어느 사회에서나 당연하게 여기는 서열 구조, 지위 매기기가 없는 사회를 그렸다.

예수는 하느님을 예수의 아버지, 구성원들의 아버지로 대하

는 공동체를 그렸다. 때때로 그가 제자들과 어느 곳에 함께 있을 때, 그의 어머니와 형제자매들이 문 앞까지 찾아와 그를 만나기를 청했다. 예수의 가족들은 예수의 행동이 도를 넘었다고 여겼고, 그래서 그를 나자렛에 있는 집으로 데려가려고 했을 것이다. 가족들의 청에 대한 예수의 답은 누가 봐도 알 수 있을 만큼 야박하다. 그의 말은 하느님에게 받은 사명에 그가 절대적으로 헌신하기로 결단했음을 보여준다. "누가 내 어머니이고 형제들이냐?" 그는 주위를 둘러보고는 덧붙였다. "바로 이 사람들이 내 어머니이고 내 형제들이다. 하느님의 뜻을 행하는 사람이 곧 내 형제요, 자매요, 어머니이다."(마르 3:31~33) 하느님의 뜻대로 행하던 예수는, 그와 뜻을 함께하는 이들을 모아 하느님을 아버지로 모시는 하나의 가족을 구성했다. 결과적으로 이 공동체에는 하느님만이 아버지로 계실 뿐, 어떤 사람도 인간 아버지를 갖고 있지 않다. 다른 본문에서도 예수는 하느님 나라를 위해 부모, 형제자매, 아이들을 떠난 제자들에 대해 말했다. 그들은 하느님 나라에서 보상받게 될 것이다. 그들은 동료 제자 중에서 어머니를, 형제자매를, 아이들을 발견할 것이다. 그러나 이 보상 목록에서 아버지는 찾아볼 수 없다. 예수는 하느님을 위해 확고한 권위를 가진 가장의 자리는 비워두었다. 성서 본문은 하느님의 아버지 되심이 가부장적 특권의 전형으로 읽히는 것을 막기 위해 아버지라는 단어를 목록에서 아예 배제했다.

예수가 전한 말 중 사회적으로 가장 급진적인 발언은 노예와 아이들, 가난한 자들과 관련된 말이다. 예수는 이방 민족에 대한 억압정책(누가 보아도 이 정책의 주체는 로마였기에, 로마 제국이라는 단어를 언급할 필요도 없었다)과 하느님 나라에서 벌어질 일을 대조적으로 이야기했다. 하느님 나라에서 "누구든지 높은 사람이 되고자 하는 사람은 남을 섬기는 사람이 되어야 하고 으뜸이 되고자 하는 사람은 모든 사람의 종이 되어야 한다"(마르 10:42~45). 예수는 이 말을 하고는 충격적인 행동으로 이를 뒷받침했다. 그는 제자들이 극구 사양했는데도 불구하고 그들의 발을 닦아주었다. 당시 발 씻는 일은 매일 해야 하는 일임에도 불구하고 천한 일, 다른 어떤 일보다도 하찮은 일이어서 노예가 있는 경우 노예들이 맡곤 했다. 평범한 사람들도 발을 스스로 씻는 일은 자신의 위엄을 떨어뜨린다고 생각했다. 이러한 정황에서 예수는 제자들에게 자신이 보인 모범을 따라 서로의 발을 씻어주라고 명령했다. 그는 단지 겸손의 상징을 보여준 것이 아니라 직접 씻어줌으로써 제자들이 최대한 서로 하나 될 수 있는 구체적이고도 실제적인 예를 제시했다. 그들은 일상에서 서로를 위해 매일 서로의 발을 씻어주어야 했다. 이보다 자신의 위엄을 떨어뜨리는 일은 없었다.

예수는 자신을 따르는 모든 제자를 주인의 지위가 아닌(이렇게 하면 공동체에서 자신이 더 높은 지위에 있다고 생각하는 이들이 발생한다) 낮은 지위, 즉 노예의 지위로 끌어내렸다. 그는 어디에도 비할 수 없는 방식으로 사회적 지위를 폐지했다. 모두가 노예인 사회에서는 누구도 자기 자신이 다른 사람보다 더 중요하다고 생각하지 않는 법이다.

또한 예수는 놀랍게도 하느님의 통치가 무엇을 요구하는지를 묘사하기 위해 어린아이들을 선택했다. 그는 어린아이처럼 되어야만 하느님 나라에 들어갈 수 있다고 말했다. 이 말의 강조점은 어린아이들이 보이는 절대적인 신뢰에 있다기보다는 그들의 지위에 있다. 어린아이들은 어떠한 사회적 지위도 갖고 있지 않다. 어린아이처럼 된다는 것은 남들보다 높은 곳에 있으려는 어떤 사회적인 야망도 거부한다는 것을 뜻한다. 가장 높은 사람이 되려면 모든 사람의 종이 되어야 한다고 말했던 것처럼, 그는 "하늘나라에서 가장 위대한 사람은 자신을 낮추어 이 어린이와 같이 되는 사람"(마르 18:4)이라고 말했다. 여기서 "자신을 낮춘다"는 말은 사회적 지위와 관련이 있다. 얼핏 보기에 예수는 새로운 형태의 서열, 즉 노예나 어린아이 같은 사람이 제일 높은 위치를 차지하는 새로운 형태의 계급 구조를 만드는 것처럼 보인다. 하지만 예수의 실제 의도는 계급이나 지위에 관한 모든

하느님 나라를 가르침 | **141**

관념을 와해시키는 데 있다. 이 점은 예수가 말한 격언에도 마찬가지로 적용된다.

> 그러나 첫째였다가 꼴찌가 되고 꼴찌였다가 첫째가 되는 사람들이 많을 것이다. (마태 19:30)

하느님 나라에서는 모든 것이 뒤죽박죽이어서 자신을 중요하게 여기는 모든 생각이 다 뒤집힌다. 예수는 모든 형태의 교만을 없애고자 했다.

하느님 나라는 어린아이와 같은 이들의 것이며 동시에 가난한 자들의 것이기도 하다. 이것은 예수가 '가난한 자들에게 복음'을 전한다는 말의 핵심을 드러낸다. 그는 가난한 자들에게 하느님의 나라가 속해있다고 말했다. 앞서 말했듯 이 가난한 자들은 평범한 사람들이 아니라 사회 경제 계층 상 밑바닥에 있던 극빈자들이었다. 예수는 하느님 나라가 그들에게만 속해있다고 말하지는 않았지만, 하느님 나라의 모든 구성원은 가난한 자의 모습을 닮아야 한다고 여겼다. 그러한 면에서 어느 정도 살던 이들에게 저녁 식사 초대를 하는 것과 관련해 그가 해준 조언은 상대적으로 덜 급진적이다. 그는 사람들에게 친척이나 친구, 이웃을 초대하지 말고 "가난한 사람, 불구자, 절름발이, 소경"(루가

14:13)을 초대하라고 말했다. 이는 당시에도 많은 사람이 준수하던 의무인 너그러운 자선에서 한 걸음 더 나아간 것이다. 이 조언에는 극빈자들을 자신과 사회적으로 동등하게 대우하라는 의미가 담겨 있다. 하느님 나라를 아이들에게만 한정하지 않았던 것처럼, 이런 말을 할 때도 예수는 하느님 나라를 극빈자들에게만 한정하지는 않았다. 그러나 그는 모든 특권을 없애기 위해 진지하게 극빈자들과 어린아이들에게 특권을 부여했다.

가난한 사람들이라는 말에는 좀 더 신중하게 접근할 필요가 있다. 우리는 길게 이어지는 두 가지 '팔복' 이야기를 알고 있다. 예수는 이 이야기에서 하느님 나라의 모범적인 시민이란 누구인지를 묘사한다. 루가의 복음서에 따르면 첫 번째 팔복은 다음과 같이 진행된다.

가난한 사람들아, 너희는 행복하다.
하느님 나라가 너희 것이다. (루가 6:20)

마태오의 복음서에는 이 말이 약간 수정된 채로 실려있다.

마음이 가난한 사람은 행복하다. 하늘나라가 그들의 것이다.

(마태 5:3)

하느님 나라를 가르침 | 143

마태오가 가난을 단순히 태도로 변형함으로써 그 안에 담긴 사회·경제적 함의를 제거하려 한 것은 아니다. 그는 "가난한 사람들"을 "마음이 가난한 사람"으로 확장했다. 이와 같은 그의 의도는 부유함을 하느님에 대한 잘못된 태도와 연결하고 가난을 하느님에 대한 올바른 태도와 연결하여 이해하던 유대교 전통의 맥락에서 이해해야 한다. 어디에도 의존할 곳이 없었던 가난한 사람들은 자신들이 하느님께만 전적으로 의지하고 있음을 알고 있었다. 반면 먹고 살기에 부족함이 없었던 부유한 사람들은 하느님에게서 벗어나 오만하게 독립해서 제멋대로 사는 삶의 전형을 보여준다. 물론 이러한 예는 고정 관념이지만, 적어도 종교적 세계관이 당연하게 여겨지던 사회에서는 현실과 그리 동떨어진 관념도 아니었다. "마음이 가난한 사람들"이라는 마태오의 표현은 단순히 "가난한"이라고 표현한 루가의 복음서는 암시하지 않는 물질적 상황과 종교적 태도의 관계를 분명하게 드러낸다.

따라서 하느님 나라에서 모범적 시민의 자질인 가난함은 그저 사회·경제적 지위가 낮거나 재산이 없음을 뜻하지 않고 하느님과의 관계에서의 겸손한 태도까지를 포괄한다. 다시 강조하자면 예수는 사람들 간의 관계를 말하기 전에 언제나 먼저 하느님을 언급했다. 그는 하느님이 전적으로 신뢰할 만하며, 끊임없이 모든 좋은 것을 너그럽게 베푸시고, 모든 창조물이 그에게 완전히 의존하고 있음을 믿을 때 사회가 변할 것으로 생각했다. 하느님에 대한 믿음은 사람들 사이에서 너그러운 나눔을 가능케 하고, 이러한 나눔은 다시금 하느님의 너그러움을 신뢰하게 한다. 예수가 생각한 하느님의 베풂에 관한 신뢰는 주기도문의 한 청원에서 잘 드러난다.

오늘 우리에게 필요한 양식을 주시고 (마태 6:11)

예수는 하느님에게 사치품이 아닌, 생존에 필요한 것을 적절하게 베풀어주실 것을, 축적할 수 있는 부가 아니라 매일매일의 양식을 공급해주시기를 기도한다. 예수의 모든 제자는 하루하루 동냥으로 먹고살았던 걸인과 같은 처지였다. 그들은 최소한의 안정성을 갖춘 일용직 농업노동이라도 해서 얼마간의 잉여 식량을 비축해둘 수도 있었지만(당시 농업노동자들은 한 번에 하루 일하는 것만 계약했으며 다음 날 먹을 양식보다 많은 임금을 받을 수 없었다), 예수는 제자들에게 극빈의 상태만을 허락했다. 그는 모든 제자에게 전적인 신뢰를 요구했다.

성전 신권정치와 로마 제국

그렇다면 예수는 당시 유대 사회를 둘러싼 정치 문제에는 어떤 입장을 보였을까? 그가 정치 문제에 개입했다면 그의 가르침이 그랬듯 직접적이기보다는 간접적인 성격을 띨 것이다. 예수는 하느님 백성에 대한 하느님의 통치에 관심을 기울였다. 그가 보기에 유대인들의 신정 정치, 즉 성전을 운영하는 대제사장이 백성에 대한 하느님의 통치를 드러낸다는 주장은 하느님의 통치를 극도로 왜곡하는 것이었다. 예수가 생각하기에 그들은 이방 민족의 왕들이 통치하는 방식과 거리를 두지 않고 오히려 그들을 모방하고 있었다. 이 지점에서 성전에서 그가 보였던 행동, 즉 성전에 있던 환전상들과 희생 제물 용도로 동물을 판매하던 이들을 공격한 일은 유심히 살펴볼 필요가 있다. 당시 대제사장들은 성전을 '운영'했으며, 희생제의 체계는 그들에게 큰 수익을 가져다주는 주요 사업이었다. 결과적으로 이 사업은 사람들을 가로막아 그들이 자애로운 하느님이 임하시는 것을 경험할 수 없게 했다. 특히 가난한 사람들에게 성전의 벽은 높기만 했다.

이 부분에서 몇몇 유대인 혁명가들은 예수의 뜻에 공감했을 것이다. 그러나 예수는 두 가지 측면에서 혁명가들과 달랐다. 먼저, 예수가 제자들에게 요구했던 원수를 사랑하라는 가르침

6. AD 1세기 예루살렘 성전 전경 모형

은 혁명가들이 주장한 폭력 혁명과 대치되었다. 다음, 이러한 차이는 예수가 바란 전체 사회 모습이 혁명가들이 바란 사회 모습과는 근본적으로 다름을 보여준다. 예수에게 이스라엘이 로마로부터 독립하는 문제는 기껏해야 부차적인 주제였다. 예수가 전한 하느님의 통치는 유대 민족이 로마에서 해방되는 것을 뜻하지 않았다. 예수는 하느님의 치유와 용서의 은혜를 경험함으로써 하나의 사회가 형성되기를 바랐다. 그는 아버지 하느님의 연민 어린 사랑의 베풂을 받아 유지되는 사회, 기존 사회에서 추방되거나 변두리에 머물렀던 이들을 아우르는 사회, 어느

하느님 나라를 가르침 | 147

한쪽이 지배하지 않고 상호 협력으로 운영되는, 그래서 모든 지위와 특권이 형제자매, 어머니와 자식 사이에서 이루어지는 상호 사랑의 관계로 대체되는 사회를 꿈꾸었다. 이러한 구상이 온전히 비정치적이라고 말할 수는 없다. 대부분의 유대교 당파와 고대 정치가 그러했듯 예수가 구상한 사회 모습 역시 종교와 정치가 연계되어 있다. 그러나 예수의 주장은 당시 가장 인기를 끌었던 정치적 주장들과는 결을 달리했다.

멸망 경고

흔히 "용서할 줄 모르는 종"(마태 18:21~35)에 관한 비유로 알려진 이야기는 대단히 부유했던 통치자의 궁궐을 배경으로 한다. 이런 특이한 배경은 예수의 이야기를 듣는 사람들의 일반적인 경험과는 동떨어져 있었으나, 이야기에 등장하는 왕을 유별나게 관대한 사람으로 묘사하기 위해 꼭 필요했을 것이다. 이 이야기에는 왕 말고도 왕의 종들이 등장한다. 그들은 비록 왕의 지배를 받았으나 실제로는 왕정의 고관들이었고 나름대로 큰 권세를 누리던 부유한 자들이었다. 이야기에서는 그들 중 한 명이 왕에게 천문학적인 액수의 돈을 빌린다. 예수의 이야기에 귀 기울였던 사람들은 상상조차 할 수 없을 만큼 큰돈이었다. 이내 왕이 빚을 갚으라고 요구하지만 놀랄 것도 없이 그에게는 그럴 만한 여력이 없었고 왕에게 자비를 베풀어 달라고, 돈을 갚을 수 있도록 시간을 달라고 간청한다. 신하는 왕에게 빚을 탕감해달라고 요청하지 않았다. 그런 건 신하의 머릿속에는 있지 않았다. 그런데 놀라운 일이 일어난다. 왕이 그의 빚을 깨끗하게 탕감해준 것이다. 예수가 전한 비유에서 흔히 등장하는 '놀라운 순간'이 일어났다. 이어지는 이야기 또한 놀랍다. 이야기를 듣는 모든 사람은 왕이 베푼 엄청난 호의가 종의 행동에 변화를 가져올 거라 기대할 것이다. 그러나 이야기는 다른 식으로 전개된다. 왕을 만나고 온 종은 곧장 자신에게 돈을 빌린 다른 종을 찾아간다. 그가 빌려준 돈은 왕이 탕감해준 액수에 비하면 극히 작았다. 비슷한, 하지만 예상치 못한 일이 벌어진다. 왕에게 빚을 탕감받은 종은 동료에게 돈을 갚으라고 요구한다. 동료는 그에게 돈을 갚을 수 있는 시간을 달라고 간구했지만 종은 왕이 자신에게 베풀었던 관대함을 따라 하지 않는다. 결국 그는 자신에게 빚진 동료를 돈을 다 갚을 때까지 감옥에 가둔다. 왕이 이 소식을 듣고 격노한 것은 당연한 일이다. 왕은 자신이 베푼 자비를 철회하고, 그 종을 감옥에 처넣는다. 그리고는 원래 종이 빚진 돈을 다 갚을 때까지 감옥에 있게 한다. 아마 그는 감옥에서 영원히 풀려나지 못할 것이다(마태 18:23~34).

이 비유에는 두 번의 놀라운 순간이 있다. 하나는 왕이 놀랄

만한 관대함을 베푸는 순간이고, 다른 하나는 호의를 경험하고도 전혀 변화하지 않은 종이 처절하리만큼 실패를 겪는 순간이다. 왕이 자신이 베푼 자비를 철회한 것은 그다지 놀랍지 않다. 빚을 탕감해 준 순간 왕은 사실상 종에게 마음대로 할 수 있도록 자유를 준 셈이다. 왕의 넘치는 호의를 따라 종의 세계는 바뀌어야 했다. 그러나 그는 자비를 알지 못하는 본래 자신의 세계에 남아있기로 했다. 왕의 자비를 따르지 않은 것은 종 자신이 결정한 일이었다. 그는 왕이 베푼 호의에 거리를 두면서 전과 같이 타인을 계산적으로 대했다.

비유는 어떤 모습을 정교하게 만들어 낸다. 예수는 주기도문에서도 이러한 기법을 사용했다. 주기도문에서(마태오의 복음서에 나오는 주기도문) 빚은 죄를 가리키고, 용서받는 것과 용서하는 일의 관계가 비유와 동일하게 연결되어 있다.

우리가 우리에게 잘못한 이를 용서하듯이
우리의 잘못을 용서하시고. (마태 6:12)

여기서 눈여겨볼 점은 예수가 하느님의 놀랄만한 관대하심과 이를 거부하는 이들을 향한 누그러지지 않는 진노를 함께 엮는다는 것이다. 현대의 많은 독자는 이러한 조합을 이해하기 어려

위한다. 그러나 예수는 늘 이렇게 가르쳤다.

예수가 전한 가르침 중 어두운 부분(성전 멸망에 대한 경고)은 하느님의 자비와 동정심을 진지하게 다룬 다음 위치에 나온다. 예수가 활동했던 시기는 이스라엘 역사에서 매우 중요한 순간이었다. 하느님 나라가 가까이 왔다. 이를 알고 있으면서도 하느님의 놀랄만한 관대함을 거절하는 것은 자신을 하느님 나라에 들어가지 못하게끔 자기 자신을 스스로 배제하는 것이었다. 이 벌은 스스로 부과한 것이다. 예수는 어떠한 노력으로도 하느님 나라에 들어갈 수는 없다고 생각했다. 그 나라는 하느님이 자신의 모든 백성에게 내려주신 완전한 선물이다. 하느님 나라의 문이 활짝 열려 있는 것을 보면서도 들어가길 거부하는 자들은 그 권리를 몰수당할 것이고, 인간의 운명을 벗어나지 못하게될 것이다.

예수가 다가올 하느님의 심판을 말할 때, 그는 경고하고 있었던 것이다. 그는 자신의 경고에 이스라엘이 귀를 기울여 심판을 피하기를 바랐다. 자신의 경고가 거절당하자 그것이 초래할 결과를 생각하며 그는 커다란 슬픔에 잠겼다. 예수는 예루살렘을 향해 탄식했다.

암탉이 병아리를 날개 아래 모으듯이 내가 몇 번이나 네 자녀를 모으려 했던가. 그러나 너는 응하지 않았다. 너희 성전은 하느님께 버림을 받아 황폐해지리라. (마태 23:37~38)

예수는 예루살렘의 운명을 말한다. 때로 그는 개인이 맞이할 최후에 관해서도 이야기했다. 그가 미래에 대해서 어떤 구체적인 밑그림을 갖고 있었던 것 같지는 않다. 그러나 그는 수많은 이미지를 동원하여 미래에 대한 견해를 밝혔다. 거대한 연회는 그 한 예다. 연회가 열릴 때 사람들은 자신이 초대받았는지 받지 않았는지를 알게 될 것이다. 때로 그는 법정에서 재판을 받는 상황도 예로 들었다. 그에 따르면 모든 사람이 법정에 불려와 자신을 소명하고, 하느님의 심판을 받게 될 것이다. 히브리 성서에서 기록된 역사를 언급할 때도 있었는데 대홍수나 소돔과 고모라의 멸망을 인용한 것이 여기에 해당한다. 두 사례 모두 소수의 의인은 심판에서 제외되었다.

예수가 구상한 사회 모습 역시

종교와 정치가 연계되어 있다.

그러나 예수의 주장은 당시 가장 인기를 끌었던

정치적 주장들과는 결을 달리했다.

예수는 하느님을 향해

저 사람의 죄를 용서해 달라고 기도하지 않았다.

오히려 그는 하느님께서 그의 죄를

용서하셨다고 선언했다.

죄의 용서를 선언함으로써

예수는 자신이 하느님을 대신해 말할

권리를 갖고 있음을 입증했다.

제6장 / 정체성에
관한 물음

예수는 자신이 하느님과 특별한 관계를 맺고 있으며 그분에게 특별한 사명을 받았다고 분명하게 주장했다. 그가 죽음을 맞이한 후, 그를 따랐던 유대인 추종자들은 예수가 히브리 성서에서 약속한 이스라엘의 메시아라고 선언했다. 그러나 이는 그들이 주장한 내용의 일부에 불과하다. 일부 추종자들은 한 걸음 더 나아가 그를 하느님과 동일시했다. 이는 인간 메시아에게 기대할 수 있는 범위를 넘어서는 선언이었다. 이러한 내용이 예수의 죽음 이전에는 얼마나 진척되고 있었는가?

권위

예수가 활동할 때 사람들에게 가장 강한 인상을 남겼던 것은 그가 '권위'authority*를 갖고 말하고 행동했다는 점이다. 헬라어로 권위란 명령할 수 있는 힘, 혹은 타인의 명령에 영향을 미칠 수 있는 힘을 뜻한다. 예수가 가르침을 전할 때 사람들은 율법학자들과는 달리 그가 '권위 있게' 가르친다고 말했다. 법률 전문가였던 율법학자들은 전문 기술을 바탕으로 전통적인 가르침을 지나치게 기계적으로 적용하는 데 급급했다. 예수가 자신이 용서할 수 있는 권위를 갖고 있다고 주장하자 그들은 충격을 받았다. 당시 통념상 죄를 용서할 수 있는 권위를 지닌 이는 하느님뿐이었기 때문이다. 예수가 귀신을 축출할 때 사람들은 악한 힘에 그가 권위를 행사했다고 보았다. 율법학자들의 입장에서 이러한 현상을 설명할 수 있는 유일한 방법은 예수가 악령들과 결탁했다고 몰아세우는 것뿐이었다.

죄를 용서할 때 당연히 한 사람이 저지른 잘못을 다른 사람이 용서할 수 있느냐는 것은 그리 문제가 되지 않았다. 중요한 문제는 하느님께 저지른 죄악을 용서해주는 특권에 관한 물음이었다. 궁극적으로 모든 죄는 하느님께 대항하는 것이다. 예

---

* 헬라어로는 엑수시아ἐξουσία

수가 "너의 죄가 용서되었다"고 말할 때 그는 자신이 '신적 수동태'divine passive를 사용하고 있음을 인지하고 있었을 것이다. "너의 죄가 용서되었다"는 말은 '하느님께서 너의 죄를 용서하셨다'는 뜻이다. 예수는 하느님을 향해 저 사람의 죄를 용서해 달라고 기도하지 않았다. 오히려 그는 하느님께서 그의 죄를 용서하셨다고 선언했다. 죄의 용서를 선언함으로써 예수는 자신이 하느님을 대신해 말할 권리를 갖고 있음을 입증했다. 언젠가 그는 "땅에서 죄를 용서하는 권한이 사람의 아들(예수)에게 있다"(마르 2:10)고 말했다. 초기 유대 문헌 전체를 통틀어 하느님의 권한으로 여기고 있던 죄 용서를 인간이 행한 경우는 한 번밖에 없다. 어느 이야기에서 바빌로니아의 왕 나보니두스Nabonidus는 심각한 병에 걸려 하느님께 기도했고 어느 유대인 축귀자가 와서 "나의 죄를 용서해주었다"고 말한다. 그러나 이 말이 정확히 무엇을 뜻하는지 우리는 알지 못한다(심지어 번역도 부정확하다). 당시 하느님의 권한으로 여기던 죄 용서를 예수가 선언했을 때 많은 사람은 그가 하느님의 권한을 침해했다고 여겼다.

예수가 귀신을 쫓아낼 때 어떤 기술이나 주문을 사용하지 않고, 하물며 하느님께 기도하지도 않고 자신을 넘어서는 어떤 강력한 존재의 이름에 기대지도 않았다는 사실은 놀라운 일이다. 그는 악령들에게 "하느님의 이름으로 떠나가라"고 말하지 않았

정체성에 관한 물음 | **157**

다. 반면 그의 제자들은 "예수의 이름으로" 귀신을 쫓아냈으며 신약성서는 제자가 아니던 유대인 축귀자가 귀신을 쫓아내기 위해 예수의 이름을 사용한 이야기도 기록한다. 예수는 악령을 지배하는 하느님의 권위를 활용한 것 같다.

예수가 자신의 권위가 어디에 근거하고 있는지 직접 이야기하지 않는 모습은 의아하다. 그가 성전 경내에 있던 환전상들을 쓸어버렸을 때, 성전 관헌들은 예수에게 무슨 권위에 기대어 이런 일을 하느냐고 물었으나 그는 물음에 답하지 않고 역으로 물음을 던졌다. 그는 관헌들에게 세례자 요한의 권위가 어디에서 왔는지 아느냐고 물었다. 그는 관헌들이 이 물음에 현명하게 대답하지 못하리라는 것을 알고 있었다. 예수는 다가올 하느님 나라에서 자신의 역할이 무엇인지 좀처럼 말하지 않았다. 이 이야기도 그런 모습을 보여준다. 이 부분에 대해서는 뒤에서 좀 더 다룰 것이다.

어떤 면에서는 예수가 우화라는 형식을 빌려 간접적으로 권위의 출처를 암시한다고도 볼 수 있다. 포도원 비유를 살펴보면 포도원은 이스라엘을 가리키는 친숙한 상징이며 소작인들은 유대인 지도자들을, 먼 곳에 나가 있는 땅 주인은 하느님을 가리킨다. 이야기에서 주인은 소작인들이 수확한 곡식에서 자신의 몫을 거두기 위해 노예들을 포도원으로 보낸다. 그러나 소작인들은 그 노예들을 때리거나 심지어는 죽이기까지 하며 소작료를 내지 않는다. 결국, 주인은 '사랑하는 아들'을 그들에게 보낸다. 소작인들이 아버지를 대표하는 아들의 특별한 권한만큼은 존중할 거라 생각했기 때문이다. 그러나 소작인들은 그 아들마저 죽인다.

이 우화는 우리가 이미 알고 있는 내용과 관련이 있다. 예수는 자신이 아바, 즉 신적인 아버지와 특별한 관계를 맺고 있다고 생각했다. 우화에서 아들이 노예들과는 비교할 수 없는 권한을 갖고 있던 것처럼, 하느님의 권위를 갖고 있던 예수는 유대 전통에 등장하는 예언자나 다른 인물들과는 비교할 수 없는 방식으로 말하고 행동했다.

메시아?

예수가 권위를 사용하는 방식을 살펴보면 사람들이 그를 예언자로 이해했다는 사실은 그리 놀랍지 않다. 좀 더 정확하게 말하면 많은 이는 그를 예언자로 여겼다. 사람들은 이스라엘 역사가 정점에 이르렀을 때 예언자가 나타나 하느님 뜻에 맞게 민족 국가를 회복시켜줄 거라 기대했다. 새로운 출애굽을 실현해 이스라엘을 해방할 모세를 고대하기도 했다. 예수는 이러한 기대에 잘 들어맞는 인물이었다. 모세가 그랬듯, 그는 권위 있게 가르쳤고, 다른 종류였기는 하나 모세처럼 기적적인 '능력을 보이는 일'들을 행했다. 과거 모세와 유사하게, 예수가 광야에 모인 이들에게 음식을 베푸는 기적을 행했을 때 사람들은 그가 오랫동안 고대해온 모세와 같은 예언자가 틀림없다고 생각하고 그를 왕으로 추대하려 했다(백성의 지도자였던 모세는 사람들에게 예언자로, 때로는 왕으로 여겨졌다). 그러나 예수는 이를 거절했다.

동시대 사람들은 예수에게 또 다른 모습, 다윗 왕가의 메시아, 즉 다윗 왕의 계보를 이은 이상적인 왕의 모습을 기대하기도 했다. 대중은 새로운 다윗을 하느님의 도움을 받아 군사를 지휘하여 이스라엘을 로마 식민통치의 멍에에서 구해줄 지도자로 그렸다. 그러나 사람들이 왜 예수를 모세와 같은 선지자로 이해하면서 동시에 다윗 왕가의 메시아로 생각했는지 이해하기란 쉽지 않다. 그들은 다윗의 자손이 다시 오기를 기대했으나 그가 단순한 랍비나 치유자이기를 바라지는 않았다. 사람들은 예수가 귀신을 축출하는 등 악한 힘을 제압했던 모습을 보고 강한 인상을 받아 각기 다른 메시아상을 그렸던 것 같다. 하느님 나라와 그 나라의 임박함에 대해 꾸준히 선포했기 때문에 사람들은 예수를 통해 하느님께서 당신의 나라를 세우실 거라고, 예수는 하느님께서 선택하신 왕이 틀림없다고 생각했을 것이다. 어떤 측면에서 그는 대중이 기대하던 인물상에 부합하지 않았다. 그러나 하느님에게 중요한 사명을 부여받은 것처럼 보였기에, 사람들은 군사를 이끌고 이스라엘 민족을 구원할 메시아에 대한 바람을 예수에게 집중했다.

메시아라는 칭호에 대해 정작 예수 자신은 조심스러운 태도를 보였다. 복음서 어디에서도 예수가 자신을 메시아라고 칭한 경우는 없다(예외가 두 곳에서 발견되는데 이때는 예수 자신이 사용했다기보다는 복음서 저자들이 해석 차원에서 덧붙인 것으로 봐야 한다). 그러나 베드로와 열두 제자가 예수를 메시아라고 생각한다고 말했을 때 그는 그 말을 부인하지 않았다. 대신 그는 제자들에게 이에 관해서 아무에게도 말하지 말라고 하고는 곧이어 자신이 당할 거절과 죽음에 관해 설명했다. 대제사장 앞에서 예수가 마지막으로 재판을 받을 때 사제는 그에게 메시아인지를 직접 묻는다. 마르코의 복음서에 따르면 예수는 단도직입적으로 답했다. "그렇다."(마르 14:62) 물론 예수는 이후에 자신이 메시아 역할에 대해 어떻게 생각하는지 추측할 수 있는 말을 한다. 같은 대목을 마태오의 복음서와 루가의 복음서는 다르게 표현한다. 두 복음서에서 예수는 답한다. "그것은 너의 말이다."(마태 24:64, 루가 22:70*) 이 말은 메시아라는 칭호를 부인하는 것은 아니지만 좀

---

* 루가의 복음서에는 "내가 하느님의 아들이라는 것을 너희가 말하였다"고 나온다.

정체성에 관한 물음 | **161**

더 모호하게 받아들이는 방식이다. 이런 모호함은 아마 그가 자신이 메시아임을 주장하기를 망설였기 때문이거나 메시아의 역할에 대한 대제사장의 이해와 예수 자신이 받아들인 이해가 달랐기 때문일 것이다.

'메시아'라는 용어에 예수가 모호한 태도를 보였던 이유는 무엇일까? 아마도 메시아에 대한 일반적인 기대가 군사를 동원해 이스라엘의 적을 물리치는 승리자로만 집중되었던 당시 맥락에서 그 용어를 함부로 사용하면 잘못된 기대를 부추길까 염려했던 것 같다. 그렇게 생각하면 예수가 특정 칭호에 집착하기보다는 행동을 통해 자신이 누구인지를 보이려 했던 것이 이해가 된다. 감옥에 갇혀있던 세례자 요한이 자신의 제자들을 보내어 예수에게 "오시기로 되어 있는 분이 바로 선생님이십니까?"(마태 11:3)라고 물었을 때 예수는 직접 답하기보다는 자신의 치유 활동과 축귀 사건을 보고 그대로 가서 전하라 말했다. 그는 메시아라는 칭호를 직접 사용하지 않되 메시아에 대한 예언을 스스로 재연하면서 메시아적 정체성을 분명하게 드러냈다.

히브리 성서는 메시아에 관해 언급한 다양한 기록을 갖고 있으며 독자가 어떤 부분에 주목했는지에 따라 메시아의 유형 또한 달라짐을 기억해둘 필요가 있다. 우리는 예수가 죽기 직전 마지막으로 예루살렘을 방문했을 때 당나귀를 타고 입성했다는 사실을 통해 그가 성서에 기록된 메시아 중 어떤 부분을 자신의 역할로 이해했는지를 살필 수 있다. 의도적으로 그는 즈가리야의 예언을 따라 행동한 것으로 보인다. 히브리 성서에서 즈가리야는 예루살렘에 선포했다.

> 보아라, 네 임금이 너를 찾아오신다
> 정의를 세워 너를 찾아오신다
> 그는 겸비하여 나귀, 어린 새끼 나귀를 타고 오시어 (즈가 9:9)

군중은 예수를 크게 환영했다. 이 일을 통해 마침내 예수가 메시아임이 분명해졌다. 그러나 이 지점에서 선택된 성서 기록은 당시 유행하던, 메시아 기대를 담은 기록들과는 달리 메시아를 정복자가 아니라 (그랬다면 그는 말을 타고 등장했을 것이다) 평화와 겸손 가운데 오는 왕으로 묘사한다. 다음 장에서는 수난과 죽음에 대한 예수의 이해가 독특한 예언서 읽기에 기초하고 있음을 살필 것이다. 이러한 읽기는 메시아의 역할에 대해 대중이 갖고 있던 이해와는 전혀 다른 그림을 보여주었다.

대제사장의 질문에 예수가 대답하는 장면 또한 흥미로운데, 여기서 예수는 매우 색다른 방식으로 자신의 메시아 직분을 이해했음이 분명하게 드러난다. 그는 말했다.

정체성에 관한 물음 | **163**

너희는 사람의 아들이 전능하신 분의 오른편에 앉아 있는 것과 하늘의 구름을 타고 오는 것을 볼 것이다. (마르 14:62)

이 말은 온전히 히브리 성서에서 인용했지만, 두 가지 출처가 뒤섞여 있다(하느님의 오른편에 왕이 앉아있는 모습을 묘사한 시편 110편 1절과 "사람의 아들 같은 이"가 하느님에게 그분의 나라를 받기 위해 구름과 함께 오는 장면을 묘사한 다니엘서 7장 13절이다). 두 본문 모두 얼핏 읽으면 다윗 왕가의 자손인 메시아를 가리키는 것 같다. 그러나 예수의 방식대로 두 본문을 섞으면 독특한 주제가 드러난다. 예수는 하느님께서 앉아 계신 우주적 왕좌 오른편에 자신이 앉아있는 모습을 그림으로써 전 세계에 대한 하느님의 통치와 자신의 권위를 동일시했다. 이러한 예수의 묘사는 이 땅을 통치하는 인간 메시아의 통념적인 그림과는 거리가 있었다. 대제사장들과 의회의 구성원들은 바로 이 때문에 예수를 신성모독죄로 기소했다. 그가 자신이 메시아라고 주장하는 것만으로는 신성모독이라고 할 수 없었다. 대제사장들과 의회의 구성원들은 예수가 그 이상의 것을 주장한다고 생각했다. 그들에게 예수의 대답은 전 우주를 통치하시는 하느님의 특권을 침해하는 것으로 들렸다.

예수의 권위를 보여주는 다른 암시들

지금까지 살핀 다양한 사례는 예수가 신적인 권위를 지녔음을 추측할 수 있는 방식으로 말하고 행동했음을 보여준다. 그는 자신이 신적 권위를 지녔다고 이렇게 저렇게 설명하지 않고서도 다른 방식으로 말하고 행동함으로써 하느님의 권위를 갖고 있음을 드러냈다. 몇몇 사례들을 통해 이러한 사실을 분명하게 알게 되면, 복음서 본문의 다른 곳에서도 그가 자신의 권위를 드러내는 부분을 쉽게 발견할 수 있다. 이를테면 이스라엘 열두 지파를 가리키는 차원에서 열두 제자를 뽑았을 때 이는 출애굽 시기 이스라엘 각 지파에서 열두 명의 대표를 뽑은 선례를 되풀이한 것이다. 저 출애굽 이야기에서 대표자를 뽑은 것은 모세가 아니라 하느님이었다. 예수가 제자들에게 부모나 자녀에 대한 책임보다도 자신에 대한 충성이 더 중요하다고 강조했다는 건 이미 살펴본 바 있다.

예수는 자신이 설교하고 제정한 하느님의 통치를 자신이 직접 구현한 것처럼 말하고 행동했다. 예수의 활동을 통해 하느님 나라가 도래한다는 이야기는 전례 없는, 획기적인 것이었다. 그는 사람들의 영원한 숙명이 자신의 활동에 대한 그들의 응답에 달려 있는 것처럼, 달리 말하면 그들이 자신을 어떻게 대하는지에 달려 있는 것처럼 말했다.

정체성에 관한 물음 | **165**

누구든지 사람들 앞에서 나를 안다고 증언하면

사람의 아들도 하느님의 천사들 앞에서

그를 안다고 증언하겠다.

그러나 누구든지 사람들 앞에서 나를 모른다고 하면

사람의 아들도 하느님의 천사들 앞에서

그를 모른다고 할 것이다. (루가 12:8~9)

이 대목에서 예수는 최후의 심판을 이야기한다. 그는 자신에 대한 사람들의 대답이 심판받는 날 그들을 판단하는 기준이 될 것이라 말한다. 동시에 이는 막대한 결과를 가져올 것임을 간접적인 언어를 통해 드러낸다. 예수가 그러한 권한이나 능력이 자신에게 있다고 말할 때 매우 모호한 방식으로 이야기한 이유는 하느님께서 그에게 놀라운 권위를 행사하도록 허락했기 때문일 것이다. 포도원 비유를 빌려 이야기하자면, 예수가 가지고 있었던 것은 주인이 아들에게 준, 아버지의 제한 없는 권위였다.

요한의 복음서에 나타난 예수의 신분

공관복음과 요한의 복음서의 가장 큰 차이는, 공관복음이 묘사한 예수가 유별날 정도로 자신의 신분을 잘 드러내지 않는 반면, 요한의 복음서가 묘사한 예수는 자신이 누구이며 하느님과 어떠한 관계를 맺고 있는지를 수차례에 걸쳐 분명하게 드러낸다는 점이다. 학자들은 대체로 이러한 차이가 초기 그리스도교인들이 예수에 관해 생각했던 바를 요한이 예수에 투사했기 때문이라고 설명한다. 그러나 이것은 진실이 아니다. 예를 들어, 초기 그리스도교인들은 일관되게 예수를 메시아(그리스도)라고 불렀지만, 다른 복음서와 마찬가지로 요한의 복음서에서 예수는 자신이 메시아라고 말하지 않는다. 요한은 말미에 기록 목적이 사람들이 예수가 메시아임을 믿게 하는 것이라고 고백하지만 이러한 믿음이 예수의 입에서 나왔다고는 기록하지 않았다. 역으로, 초기 그리스도교인들은 예수를 "사람의 아들"이라고 부른 적이 없지만, 요한의 복음서에서 예수는 다른 복음서와 마찬가지로 이 수수께끼 같은 어구를 자신을 가리키는 표현으로 자주 사용하며 여러 차례 자신을 '아들'이라고 표현한다(하느님을 '아버지'라 부르는 것과 함께). 다른 복음서에서도 예수는 종종 자신을 아들이라 지칭한다. 공관복음에서는 그 빈도가 낮긴 하지만, 매우 중요한 부분에서 이 표현을 찾아볼 수 있다. 이러한 사실은 요한이 어떠한 작업을 하고 있는지에 대한 단서를 제공한다. 요한은 예수가 간접적으로 드러냈던 것들에 커다란 중요성을 부여해 이를 분명하게 드러냈다. 이러한 작업은 회고적인 시각으로 이루어졌지만, 초대 교회가 예수에 관해 갖고 있던 생각

정체성에 관한 물음 | **167**

들을 아무것이나 가져다 붙이는 방식은 아니었다. 요한은 예수가 자기 자신에 관해 말했던 것들의 선을 유지하되 예수가 가리킨 방향을 좀 더 밀고 나아가 신성한 아버지의 '아들'이 된다는 것은 어떤 의미인지, 하느님을 위해 말하고 행동한다는 것은 어떤 의미인지를 설명하고자 했다.

요한의 복음서에서 예수를 하느님의 특별한 아들로 그리는 부분은 풍부하고도 흥미롭다. 공관복음에 나오는 포도원 비유처럼, 요한의 복음서에서 예수는 "아버지"가, 자신을 대신해 행사할 수 있는 모든 권위를 주고 이스라엘 백성에게 보낸 "아들"이다. 예수가 하느님만이 하실 수 있는 특권을 행사하려 할 때마다, 그의 적들은 그가 자기 자신을 하느님과 동일시하고 있다고 건너뛴 결론을 내놓았다. 여기에 그는 자신이 하느님의 권한을 침해하는 것이 아니라고 말한다. 그는 아버지가 행하는 모든 것을 할 수 있는 특별한 아들이다. 아버지가 그를 보냈고, 그는 아버지를 잘 알기 때문이다. 예수는 아버지의 계획 안에서만 행동할 뿐이다. 그는 아버지에게 모든 권한을 부여받은 순종적인 아들이다. 요한의 복음서는 예수가 단지 신성한 아버지의 인간 아들에 불과하지 않음을 분명하게 말한다. 그는 그분의 영원한 아들로, 이 세상에 영원한 생명을 주기 위해 인간의 정체성을 받아들였다. 신성한 아들로서 예수의 정체성은 역설적으로 하

168 | 예수

느님에게 순종하는 차원에서 자신을 부인함으로써 이루어진다.

요한의 복음서는 다소 다른 두 개의 '나는 …이다' 어록I am' sayings을 예수의 것으로 돌린다. 하나는 비유 모음으로 예수가 "나는 착한 목자"(요한 10:11)라거나, "나는 포도나무"(요한 15:1)라고 말한 경우다. 이런 말들은 분명 공관복음에 나오는 예수가 비유를 통해 하느님 나라를 묘사하는 방식과 유사한 측면이 있다. 요한의 복음서에서 예수는 공관복음의 비유에서 나타나는

7. 선한 목자 예수(카타콤 프레스코화)

중요 특징들과 자기 자신을 동일시하는 것처럼 보인다. 요한은 다면적 관념이 담긴 비유적 표현을 다양하게 사용함으로써 예수가 영원한 생명을 주는 사람(요한에게 이것은 '하느님 나라'와 동등하다)이라고 독자들이 받아들이게끔 기술한다. 마태오의 복음서와 루가의 복음서에서 예수가 목자의 비유를 말할 때 양 떼의 목자는 추측건대 하느님이다. 그러나 두 복음서에서조차 예수는 자신의 활동을 통해 잃은 양들을 찾고 구하는 이로 묘사된다. 요한의 복음서에서 예수는 목자로서 양 떼에 자신을 헌신하고, 양들을 위해 생명을 내어주기까지 한다. 또한 마태오의 복음서에서 예수는 사람들에게 생명으로 이어지는 좁은 길에 관해 말한다. 이는 사람들이 따라오게 하기 위해 예수가 마련한 길이다. 요한의 복음서에서는 예수 자신이 "길이요 진리요 생명"이다. 공관복음에서도 예수는 하느님의 통치를 실현하는 중요한 대리자다. 요한의 복음서는 비유적인 '나는 …이다'라는 표현을 통해 이를 좀 더 분명하게 드러낸다.

예수가 그저 하느님을 따르는 한 사람의 종이어도 저 신성한 권위를 사용하고 생명을 주는 신적 특권을 행사할 수 있었을까? 불가능하다. 유대교 신학에서 그러한 특권은 오로지 하느님에게만 속하며 다른 누구도 함부로 이를 위임받을 수 없다. 저 특징들은 하느님이 어떤 분이신지 규정하는 것을 도왔다. 이 때문에 공관복음에서 바리사이인들과 사제들은 예수가 죄를 사하거나 하느님의 보편적인 통치권을 공유하는 등의 신적 권한을 행사하는 모습을 보고 신성모독이라 여겼던 것이다. 요한의 복음서에서 두 번째 종류의 '나는 …이다' 어록은 특별히 하느님과 예수의 인격적인 동일시를 암시하기 위해 만들어졌다. 두 번째 종류의 '나는 …이다' 어록의 구절들에서 예수는 헬라어로 단순히 "나다"라고 말한다. 이 표현은 영어로는 "나는 그다"라고 밖에 표현할 수 없다. 이 표현은 히브리 성서에서 하느님이 자신의 특별한 정체를 드러내실 때 사용한 표현을 상기시킨다. 하느님께서는 전적으로 특별하시며 어떤 것에도 속하지 않으시기 때문에 자신을 "나는 나다"라는 방식으로 설명하실 수밖에 없다. 요한의 복음서에서 예수도 이와 동일하게 선언한다. 어떤 때는 모호하게 밝혔지만, 이 경우에는 매우 분명하게 자신이 하느님의 독특한 정체성에 참여하고 있음을 드러낸 것이다.

많은 현대 독자는 복음서를 읽으며 공관복음에서 기록한, 단지 인간일 뿐인 예언자를 요한이 성육신한 하느님으로, 그리스도교인들이 경배하는 대상으로 탈바꿈시켰다는 인상을 받는다. 그러나 이러한 식으로 공관복음과 요한의 복음서를 대조해서 남는 유익은 거의 없다. 공관복음이 묘사하는 예수를 좀 더 섬세하고 미묘하게 평가한다면 이러한 인상은 바뀔 것이다. 우리

정체성에 관한 물음 | 171

가 복음서 자료들에서 그럴듯하다고 말할 수 있는 예수의 유일한 모습은, 유대교 전통에서 예언자가 가질 수 있는 권위를 한참 넘어서는 방식으로 하느님을 위해 말하고 행동하는 예수다. 설사 그가 이 부분을 분명하게 드러내려 하지 않는다 할지라도 말이다. 예수의 적들도 이를 인지하고 있었다. 요한은 평생을 두고 이 점을 숙고한 끝에 신학적으로 창조적인 해석을 내놓았을 것이다. 요한의 복음서를 정당하게 평가한다면, 그는 제멋대로 예수의 모습을 창조해낸 것이 아니라, 다른 복음서가 묘사한 예수(공관복음의 예수 묘사 역시 해석의 결과물이나)를 창조적인 방식으로 해석했다고 보아야 한다.

신성한 아들로서 예수의 정체성은

역설적으로 하느님에게 순종하는 차원에서

자신을 부인함으로써 이루어진다.

초기 그리스도교인들은 자신들이 섬기는,

십자가형을 당한 그 남자가 온 우주에서

가장 높은 위치에 있음을 숨기려 하지 않았다.

당시 이런 그리스도교인들을

위험한 사회 전복 세력으로 여겼던 것은

그리 놀라운 일이 아니다.

제7장 / 죽음과
새로운 시작

아마도 예수와 관련해 가장 널리 알려진 역사적 사실은 그가 로마 제국이 만든 십자가에서 죽었다는 것이다. 이후 십자가는 그리스도교의 상징으로 자리매김했고 현대 사회에서도 십자가는 그리스도교를 대표하는 상징이다. 오늘날 많은 사람은 십자가를 보고 처형을 떠올리지는 않지만 고대 사회에서 십자가는 가장 고통스럽게 사람을 죽이는 방법(원래는 고문의 한 형태였다)이었으며 사회적으로 거부감과 수치심을 느끼게 하는 최후의 방법이었다. 로마인들이 십자가 처형을 처음 고안해낸 것은 아니지만, 그들에게 십자가형은 제국의 힘과 질서를 유지하기 위한 필수적인 수단이었다. 그들은 처형자가 십자가 위에서 느리

죽음과 새로운 시작 | **175**

게, 질식해 죽어가게끔 형을 집행했으며 처형 장소는 의도적으로 공공장소를 택했다. 십자가 처형의 참혹한 모습을 사람들에게 보여주어 혹시 모를 반란 의지를 꺾으려 했던 것이다. 로마 군인들은 이를 즐기기라도 하듯 십자가 형의 세부사항에 변화를 주었다. 잔혹하기 그지없는 야만적 행태를 로마는 정의가 아닌, 반란을 억제하기 위해 합법화했다. 십자가에 매달린 이들은 대체로 정치 질서에 도전했던 노예와 반역자들이었다. 예수가 십자가에 달렸을 때처럼, 때로는 처형자의 이름과 죄목을 십자가에 게시해 추후에 반란을 일으키고자 하는 사람들에게 경각심을 주기도 했다. 복음서가 묘사하듯, 군중은 처형을 지켜보며 십자가에 매달린 자들을 수치스럽게 여기고 그들을 조롱하거나 조소했다. 수천 명의 사람이 십자가형을 당했는데도 고대 문헌에서 이와 관련된 기록은 좀처럼 발견되지 않는다. 비록 세부사항이 조금 부족하더라도, 예수의 십자가형을 증언한 복음서는 이 처형 방식을 폭넓게 다룬 몇 안 되는 기록물이다. 처형 과정이 야만적이라는 것은 누구나 알고 있었다. 그러나 교양 있는 엘리트들은 이 사실을 크게 신경 쓰지 않았다. 제국이 가져다준 평화와 번영을 유지하기 위해서는 때로 가학적인 폭력도 필요하다고 믿었기 때문이다. 처형자들은 사람들이 전혀 신경 쓰지 않던 인간쓰레기에 불과했다. 누가 굳이 이들의 운명을 기록하

176 | 예수

려 했겠는가?

이 때문에 사람들은 초기 그리스도교인들이 십자가형으로 죽은 남자를 예배하는 모습을 기괴하게 여겼다. 사도 바울은 십자가에 매달린 메시아가 "유대인들에게는 비위에 거슬리고, 이방인들에게는 어리석게 보이는 일"(1고린 1:23)이라고 말했다. 유대인들에게 메시아는 로마인들을 정복하실 분이지 그들의 폭력에

8. 알렉사메노스가 자신의 신에게 예배한다. (로마에서 발견된 낙서로 그리스도교를 조롱하는 그림, AD 200년경)

희생당하는 이가 아니었다. 이방인들의 눈에 십자가형을 당한 예수는 그저 하찮은 부랑자에 지나지 않았다. 이러한 태도는 AD 200년경 로마에 있는 어느 벽에 새겨진 투박한 낙서에 생생하게 남아있다. 이 낙서에는 십자가형을 당한 인물이 당나귀 머리 모양을 하고 있고, 한 남자가 그를 향해 손을 들고 기도하고 있다. 그 옆에는 이렇게 적혀있다. "알렉사메노스가 자신의 신에게 예배한다." 많은 사람이 조소했지만, 초기 그리스도교인들은 자신들이 섬기는, 십자가형을 당한 그 남자가 온 우주에서 가장 높은 위치에 있음을 숨기려 하지 않았다. 당시 이런 그리스도교인들을 위험한 사회 전복 세력으로 여겼던 것은 그리 놀라운 일이 아니다.

예수가 매달린 십자가에는 경고문이 붙어있었다. "유대인의 왕 나자렛 예수."(요한 19:19) 분명 그는 로마 당국에 도전한 반역자들의 우두머리였다는 이유로 처형당했다. 예수는 로마 제국 정치 질서에 위협을 어떤 위협을 가했을까? 예수는 종교 운동을 했을 뿐 정치적 행동을 하지 않았기에 부당한 처벌을 받았다는 생각은 피해야 한다. 종교와 정치는 그렇게 단순히 분리되지 않는다. 이어지는 내용에서는 왜 예수의 적이 그를 처형할 만큼 위험한 인물로 여겼는지, 예수가 어떻게 자신의 죽음을 받아들였는지를 살펴보겠다.

무엇이 예수를 죽음으로 이끌었는가?

예수에게 적이 많았다는 점에는 학자들 사이에 이견이 없다. 그의 고향 갈릴래아에서 당시 통치자 헤로데 안디바스는 예수를 위험한, 문제적인 인물로 여겼다. 그는 자신이 죽였던 세례자 요한과 예수가 너무나도 비슷하다고 생각했다. 실로 예수가 주로 이방인들이 살던 갈릴래아 북쪽 지역을 돌아다닌 이유는 헤로데 안디바스가 보낸 사람들에게서 몸을 피하기 위함이었을 것이다. 그뿐만 아니라 많은 바리사이인이 예수를 적으로 간주했다. 그들이 예수를 처형하려 했던 이유는 예수의 토라 해석이 자신들의 해석과 근본적으로 달랐기 때문은 아니다. 그들은 예수가 특별한 신적 권위를 자신의 것인 양 행동하고 말하는 모습을 견딜 수 없었다. 그들이 보기에 예수는 사람들을 배교로 이끌고 있었다. 죽음을 맞이하기 전에도 사람들은 자주 예수를 공격했다. 그는 몇 번이나 돌에 맞아 죽을뻔한 위기를 넘겼다. 공공의 적이 생기면 기묘한 동맹 관계가 만들어지기 마련이다. 예수의 경우도 마찬가지여서 서로 다른 이유로 그를 위험한 인물로 여긴 갈릴래아의 바리사이인들과 헤로데 안디바스의 지지자들이 예수를 잡기 위해 모였다. 그러나 갈릴래아에 있던 적들은 예수의 죽음에 별다른 영향을 미치지 못했다. 그의 운명을 결정한 것은 예루살렘에서 일어난 사건이었다.

당시 갈릴래아에서는 안디바스가 영주로 권력을 쥐고 있었고 예루살렘에서는 로마 총독 본티오 빌라도가 성전을 기반으로 한 지역 엘리트들과 손잡고 권력을 쥐고 있었다. 이 지역 엘리트에는 대제사장과 사제들(대제사장 외에 사제 가문의 귀족들), 소수의 바리사이인들로 구성된 의회, 다른 귀족 가문들의 대표들이 있었다. 예루살렘에 있던 바리사이인은 예수가 갈릴래아에서 상대했던 바리사이인이 아니라 사두가이인 사제들도 무시할 수 없었던 부유한 귀족이었다. 복음서 중 예루살렘에서 일어난 일들에 가장 집중하는 요한의 복음서는 이 엘리트 지배 계층을 "대제사장들과 바리사이파 사람들", 때로는 "유대인들"이라고 부른다. 이 표현들은 그들이 당시 유대 정치를 주도했던 이들임을 가리킨다. 요한의 복음서에 따르면 예수는 공생애가 끝날 무렵에만 힘 있는 사람들과 충돌했던 것이 아니다. 그는 활동을 시작할 때부터 힘 있는 사람들과 불화했다. 예수와 적들 사이에 벌어진 논쟁은 그가 예루살렘에 몇 번 머무르면서 더 불거졌다. 마지막으로 예루살렘에 가기 전, 그는 가까스로 체포를 피했다. 그러나 예루살렘에 가는 것은 그를 죽이려고 하는 힘 있는 자들의 손아귀로 들어가는 행위임이 분명해졌다.

예수는 자신이 하느님을 대신해 말하고 행동할 권위를 갖고 있다고 선언함으로써 골깊은 갈등을 낳았다. 하느님의 이름으로 통치하던 성전 엘리트들에게 예수의 선언은 자신들의 권한에 도전하는 행동이었다. 그러나 예수를 죽음을 몰고 간 직접적인 원인은 그가 대중에게 광범위한 인기를 끌었기 때문이다. 갈릴래아 뿐 아니라 예루살렘 지역에서도 무수한 사람이 예수를 따라다녔다. 사제들은 민중 봉기를 두려워했다. 물론 로마가 봉기를 진압할 것은 분명하지만, 봉기가 일어나면 자신들이 누리던 권력을 빼앗길 수 있기 때문이다. 당시에는 이미 민중 봉기의 위험이 여러 차례 감돌았다. 특히, 로마의 압제에서 벗어나는, 새로운 출애굽에 대한 기대를 머금은 순례자들이 예루살렘에 잔뜩 모인 과월절 기간은 민중 봉기의 기운이 한껏 솟아올랐다. 예수는 과월절이 시작되기 한 주 전, 당나귀를 타고 예루살렘에 입성했다. 군중은 그를 메시아라고 환호하며 맞이했다. 아마도 사제들은 예수가 무장 봉기를 일으킬 의도는 없음을 잘 알고 있었을 것이다. 하지만 예수는 그 존재만으로 폭동의 도화선에 불을 붙일 수 있었다. 예수의 적들은 용의주도하면서도 신속하게 행동할 필요를 느꼈다. 그런 그들에게 행운이 찾아왔다. 예수의 가까운 제자였던 가리옷 유다(가룟 유다)가 예수가 자신이 기대하던 메시아가 아니라는 사실에 환멸을 느낀 것이다. 군중이 어떤 일이 벌어지고 있는지 알아차리기도 전에 유다는 사제들에게 예수를 체포하여 재판에 넘길 수 있는 정보를 제공했다.

죽음과 새로운 시작 | **181**

그렇다 하더라도, 사제들이 바로 예수를 암살할 수는 없었다. 그들은 법에 따라 예수를 죽여야 했다. 법적 절차를 밟는다 해도 그들은 예수를 처형할 수 없었다. 사형을 선고하는 권한은 로마에 있었고 로마는 그들에게 이 권한만큼은 주지 않았다. 이 때문에 예수의 적들은 예수가 유대법 상 사형에 처할 죄를 지었다고 선고해야 했고 빌라도에게 그가 중한 범죄를 저지른 죄인이라고 설득해야 했다.

예수가 자신이 메시아임을 표방하고 다녔음을 시인하게 한다면 빌라도를 설득하기는 쉬운 일이었다. 로마인들의 언어로 메시아는 "유대인의 왕"이었으므로 예수를 카이사르에 맞서는 반역자라고 이야기할 수 있었기 때문이다. 하지만, 그 이전에 자신이 메시아라고 주장하는 행위가 유대법 상 사형을 적용할 수 있는 죄인지에 대해서는 논란의 여지가 있었다. 예수는 그들이 생각하던 의미의 메시아가 아니었는데 어떻게 이를 증명할 수 있겠는가? 결과적으로, 예수는 적들의 계략에 빠졌다. 대제사장이 그에게 메시아냐고 물었을 때 예수가 내놓은 대답은 유대 의회 회원들이 그를 기소할 수 있는 빌미가 되었다. 앞 장에서 살펴보았듯, 예수는 대제사장의 질문에 다소 완곡한 방식으로("그것은 너의 말이다"(마태 26:24)) 답했다. 그러나 그가 뒤에 덧붙인 말은 분명한 뜻을 지녔다. "너희는 사람의 아들(이 문맥에서 사람의 아들은 명백하게 예수 자신을 가리킨다)이 전능하신 분의 오른편에 앉아 있는 것과 하늘의 구름을 타고 오는 것을 볼 것이다."(마르 14:62) 이 말은 빌라도에게 로마의 통치에 대한 직접적인 도전으로 비칠 수 있었다. 게다가 하느님의 유일무이한 통치권을 자신도 갖고 있다는 주장은 명백한 신성모독이었다(단순히 자신이 메시아라고 주장하는 것은 이 정도 중죄는 아니었다).

시간이 촉박했기에 재판은 밤에 열렸다. 과월절이 시작되기 전에 예수의 적들은 그를 재판에 회부해야만 했다. 이런 경우는 흔치 않았다. 짧은 시간에 죄를 입증할 증인을 세우기란 어려운 일이기 때문이다. 그러나 예수가 명백하게 자신의 죄를 시인했기에 증인은 필요하지 않게 되었다.

자신의 출세 외에 다른 일에는 별다른 관심을 두지 않았던 기민한 정치가 빌라도는 예수가 그렇게 위험한 인물이 아니라고 판단했다. 복음서에 따르면 그는 예수를 매질한 후에 석방하려 했던 것처럼 보인다. 그 정도만 해도 사람들이 만족할 것이라고 그는 기대했을 것이다. 그러나 사제들이 로마 제국을 거역한 반역자를 그리 관대하게 다루어서는 안 된다고 말하며 빌라도의 허를 찔렀다. 결국 예수는 "유대인의 왕"이라는 이름으로 로마 제국이 만든 십자가에서 죽어야 했다.

예수와 그의 죽음

꽤 이른 시기부터, 예수는 자신이 폭력적인 죽음을 맞이하게 될 거라고 분명하게 예견했다. 어떻게 죽을지 예언을 하지는 않았지만(복음서에 이런 기록이 남아 있다면 사람들은 예수가 죽음을 맞이한 후 다른 이들이 이렇게 기록했을 거라 의심했을 것이다) 비유를 쓰거나 이해하기 쉽지 않은 말로 이를 암시했다. 자신의 신분이나 사명을 드러내며 그는 습관적으로 말했다. "신랑을 빼앗길 것"(루가 5:35)이라고 말하기도 했고 자신이 "받아야 할 세례가 있다"(루가 12:50)고 말하기도 했으며 "너희는 나를 찾아다녀도 찾지 못할 것이다"(요한 7:34)라고도 말했다. 예수가 자신의 운명을 비관적으로 예견한 것은 자연스러운 일이었다. 그의 죽음에 앞서 이미 사람들은 충격적인 사건을 접한 바 있다. 헤로데 안디바스가 세례자 요한을 처형한 것이다. 게다가 히브리 성서와 유대인들 사이에 떠돌던 전설에 따르면 하느님께서 자신의 백성에게 보낸 사자들은 많은 경우 거절당하거나 살해당했다. 예수는 포도원 비유를 들어 먼 곳에 나간 주인이 보낸 대리인들을 포도원 소작인들이 연달아 살해한 이야기를 전했다. 이야기에서 계속 일어나는 죽음은 주인이 보낸 아들마저 죽임을 당한 부분에서 정점에 이른다. 어쩌면 예수는 하느님의 섭리가 자신을 보호할 거라 믿었을 수도 있다. 그럴 만도 한 것이 그가 활동하는 동안 죽을

뻔한 순간이 여럿 있었기 때문이다. 그렇지만 그는 그렇게 생각하지 않았다. 오히려 그 반대로 생각했다. 예수는 자신의 죽음을 아버지가 자신을 위해 예비한 운명으로 받아들였다.

그는 그저 자신의 죽음을 예견한 것이 아니라 죽음에 의미를 부여했다. 예수는 자신이 죽어야만 한다고, 그것이 하느님이 주신 "의무"라 말했으며 그 근거를 성서에서 찾아냈다. 당시, 혹은 그 이전에도 메시아가 수난당하고 죽을 거라 기대한 유대인은 없다. 그러한 증거는 찾아볼 수 없다. 앞서 살펴보았듯, 한 사람이 메시아에게 어떤 역할을 부여하는지는 그 사람이 히브리 성서에 담긴 기록 중 어떤 부분에 강조점을 두느냐에 달려있다. 예수의 경우, 그는 이사야서에 기록된 고난 받는 종에 관한 불가해한 내러티브에서 자신의 역할을 발견했다. 이 내러티브에서 주인의 종은 백성의 죄를 지고 그들을 위한 희생 제물로 죽음을 맞이한다(이사 52:15~53:12). 적잖은 학자가 예수가 한 말들이 성서의 이 대목을 가리키고 있다는 주장을 부인한다. 그러나 예수가 자신의 죽음을 두고 말하는 두 구절에서 "많은 사람"이라는 표현이 반복된다는 지적은 꽤 설득력 있다. 유대인들은 히브리 성서를 활용할 때 흔히 핵심 문구(이 경우에는 이사야서 53장 12절이 사용되었다)를 사용해 성서의 특정 구절을 암시했다.

예수는 다가오는 죽음을 타인을 위해 값지게 자신을 내어주

죽음과 새로운 시작 | 185

는 마지막 행동으로 보았고, 사람들의 삶에 용서와 치유를 가져오기 위해 하느님의 연민 어린 사랑을 구현하려 했던 자신의 전체 활동의 정점으로 여겼다. 예수는 말했다.

사람의 아들도 섬김을 받으러 온 것이 아니라 섬김을 왔고, 또 많은 사람들을 위하여 목숨을 바쳐 몸값을 치르러 온 것이다.

(마르 10:45)

"몸값"(다른 말로 하면 속전, 즉 일정한 값을 치르고 속박된 사람을 자유롭게 하는 것)이라는 단어는 출애굽을 떠올리게 한다. 히브리 성서에 따르면, 이집트에 잡혀 있을 때 이스라엘 백성은 노예였고, 하느님께서 그들의 "몸값을 치르"셨다. 그렇게 그분은 이스라엘 백성에게 자유를 주셨고 그들을 자신의 백성으로 삼으셨다. 출애굽 시기 처음 피 흘리게 한 후 매년 과월절 행사마다 희생 제물로 삼았던 과월절 어린양은 하느님께서 그들에게 주신 자유에 대한 "값"으로 이해될 수 있다. 이 대목에서 예수는 자신을 사람들을 위해 자신의 생명을 바치는, 새로운 출애굽을 위한 과월절 어린양으로 이해한다. 동시에 그는 "많은 사람"을 위해 자신의 생명을 희생하는 "도살장으로 끌려가는 어린양", 이사야서에 기록된 주의 종Servant of the Lord으로 자신을 이해했다.

죽기 전날 저녁, 예수는 제자들과 함께 과월절을 기념하며 식사했다. 식사를 시작하면서, 그는 유대인의 손님 대접 방식대로 모든 사람에게 빵 한 덩어리를 떼어 한 조각씩 주었다. 그 후에는 포도주 한 잔을 주어 돌아가며 마시게 했다. 예수는 이러한 행동들에 깜짝 놀랄만한 새로운 의미를 부여했다. 빵을 주면서 그는 말했다. "받아먹어라. 이것은 내 몸이다."(마태 26:26) 포도주를 주면서는 이렇게 말했다. "이것은 나의 피다. 죄를 용서해 주려고 많은 사람을 위하여 내가 흘리는 계약의 피다."(마태 26:28, 다른 번역본에서는 "새로운 계약"으로 번역했다) 이 말들은 희생 제의를 할 때 쓴 용어(성전에 희생 제물로 바친 동물의 피가 효력을 발휘하기 위해서는 피를 땅에 부어야 했다)인 동시에 "자기 목숨을 내던져 죽었"던 이사야서의 종을 떠오르게 한다. 게다가 포도주를 마시게 함으로써, 그는 새롭고도 기이한 상징을 만들어냈다. 당시 사람들은 희생 제물로 바친 고기는 나누어 먹었지만, 피는 절대 마시지 않았다. 유대인들에게 피를 마시는 일은 금기시되었다. 피는 하느님이 주신 생명이라고 믿었기 때문이다. 예수가 자신의 죽음을 묘사하는 이 기이한 방식은 사람들에게 충격을 주었을 것이다.

다른 측면에서, 예수가 자신의 피와 "(새로운) 계약"을 연결한 것은 출애굽을 가리킨다고도 볼 수 있다. 출애굽 이후 하느님께서는 이스라엘과 계약을 맺음으로써 그들을 자기 백성으로 삼으셨다. "계약의 피"라고 불리던, 희생 제물로 바친 소들의 피는 이 계약을 보증했다. 예레미야서에서 하느님은 "새로운 계약"을 약속하신다. 새로운 계약은 첫 번째 계약을 따르지 않은, 하느님 백성의 불복종을 넘어설 것이다. 예수가 암시한 말들에서 우리는 이 새로운 계약의 흔적을 발견한다. 그는 하느님의 백성을 "회복하기 위한" 자신의 사명, 즉 그들을 다가올 하느님 나라의 백성으로 만드는 일은 자신의 죽음으로 완성된다고 생각했다. 그와 함께 식탁에 앉아 먹고 마셨던 이들은 회복될 이스라엘의 핵심 인물들이었다. 그러나 예수의 희생은 오직 그들만을 위한 것이 아니라 "많은 사람"을 위한 것이기도 했다. 백성의 지도자들에게 거절당하고 그들의 손에 죽임을 당할 위협에 놓였지만 예수는 자신의 사명을 완성할 거라는 희망을 버리지 않았다. 역설적으로, 진정한 성공을 위해 그는 명백하게 실패해야만 했다('많은'이라는 표현은 수에 제한을 두지 않는다. 실제로 이 표현은 "많은" 사람이 "전체"에 맞섰다는 뜻이 아니라 "많은" 이가 "한" 사람에게 대항했다는 뜻이다. 한 사람 예수는 많은 사람을 위해 자신의 생명을 내던졌다).

최후의 만찬을 가진 직후, 게쎄마니(겟세마네) 동산에서 예수는 다가오는 죽음을 두고 고뇌했다. 가리옷 유다와 성전 수위대가 그를 체포하러 오고 있던 참이었다. 그는 아버지의 뜻을 받

9. 게쎄마니 동산에 위치한 오래된 올리브 농장

아들이면서도 할 수만 있다면 죽음을 피하게 해달라고 간청했다. 예수가 보인 고뇌는 일반적으로 사람들이 죽음을 맞이했을 때 보이는 두려움보다 무겁다. 그가 이제부터 떠나는 여정은 인간이 겪을 수 있는 극한의 경험, 가장 끔찍한 경험으로 채워질 것이었다. 이 여정에서 친구들은 그를 버릴 것이고, 적들은 그를 향해 조롱할 것이며, 몸서리칠 정도의 고통 가운데 끝내 죽음을 맞이할 것이다. 극심한 고통을 경험한 사람들이 그러하듯, 예수도 특정 순간에는 하느님이 자신을 버리셨다고 생각했다. 마르코의 복음서에 따르면, 죽는 순간 예수는 있는 힘을 다 모아 외쳤다.

나의 하느님, 나의 하느님, 어찌하여 나를 버리셨나이까?

(마르 15:34)

죽음과 새로운 시작 | **189**

이 말은 그가 잘 알던 시편의 한 구절을 인용한 것이다. 일상에서 기도하는 가운데 아마도 그는 이 부분을 히브리어로 읽었을 것이다. 그러나 죽음을 맞이하는 순간 예수는 히브리어로 말하지 않았다. 그는 자신의 모어였던 아람어로 외쳤다. 덕분에 모두가 이 말을 온전히 예수가 한 말이라고 믿는다. 죽음을 맞이하기 전에도 그는 이 구절을 종종 떠올렸을 것이다. 그는 많은 사람을 위해 생명을 내던져야 하며 시편 기자들이 그랬듯, 혹은 앞서 예수와 같은 일을 했던 이들이 그랬듯 언젠가는 하느님이 계시지 않는 것처럼 느껴지는 공허의 순간을 견뎌야 함을 알고 있었다. 예수 이외의 사람들도 죽음을 앞두고 고뇌했다. 그러나 남들을 위해 자신을 내어주는 마지막 행동은 누구도 따라 하지 못했다.

새로운 시작?

예수가 십자가에서 죽는 순간, 마르코는 몇몇 새로운 인물을 소개하고 이내 그들은 복음서의 남은 내러티브에서 중심인물이 된다. 이들은 예수의 여성 제자들로, 남성 제자들과 마찬가지로 갈릴래아에서부터 그와 동행했다. 그러나 이전까지 복음서는 이들을 언급하지 않는다. 남성 제자들은 제 살길을 찾아 숨었지만, 여성 제자들은 예수가 죽음을 맞이하는 순간을 보기 위해 그 자리에 갔다. 이러한 선택이 이들에게는 안전했다. 많은 여성 중 마르코는 세 사람의 이름(막달라 여자 마리아와 작은 야고보와 요셉의 어머니 마리아, 그리고 살로메(마르 15:40))을 기록했다. 예수가 돌을 깎아 만든 무덤에 묻힐 때, 마르코는 이 여인들 중 두 사람(두 명의 마리아)이 이 광경을 지켜봤다고 기록했다. 유대인들의 관습에서는 여성이 장례 의식을 치렀다. 그렇기에 마르코는 아무도 일하지 않는 안식일이 지나고 난 뒤 세 명의 여인이 예수를 장례하기 위해 향료를 갖고 무덤으로 향했다고 기록했다. 무덤에 이르자, 그들은 무덤 입구를 막고 있어야 할 돌이 굴러갔으며 예수의 시신이 사라졌음을 발견했다. 한 천사가 그들 앞에 나타나 말했다. "예수가 다시 살아나셨다."

이 이야기에서 여성들이 목격자로 묘사된다는 점은 흥미롭다. 그들은 예수가 죽음을 맞이한 순간부터 그 이후까지를 곁에서 관찰하고, 지켜보고, 바라보았다. 신중한 사람이었던 마르코는 자신이 아는 내용 이상은 기록하지 않았다. 그래서 그는 세 여자가 빈 무덤을 발견했다고 하면서도 장례를 지켜본 사람으로는 그중 두 사람의 이름만 기록했다.* 그는 세 명의 여성 중 두

---

* 마르15:47, 마르코는 아리마태아 요셉이 예수의 장례를 치르던 때 이를 지켜보았던 사람의 명단에 막달라 마리아와 요셉의 어머니 마리아만 기록해 두었다. 곧이어 16장 1절에서는 안식일이 지난 후 여인들이 예수의 무덤에 찾아가는데, 여기에는 살로메의 이름이 추가되어 있다.

명이나 장례를 지켜보았기 때문에 그들이 예수가 장례를 치렀는지, 어디에 묻혔는지를 분명하게 알고 있었다고 독자들에게 보증한다. 무덤에서 예수의 시신이 사라졌다는 여성들의 보고는 실수나 착각이 아니었다. 마르코는 자신이 기록한 내러티브의 핵심에 해당하는 이 부분이 신뢰를 얻기 위해서는 목격자의 증언이 필요하다는 점을 잘 알고 있었다. 그는 이 증언을 다소 조심스럽게 제공한다. 이 여성들은 아마도 초기 그리스도교 공동체들이 잘 알고 있던 사람들인 것 같다. 이들의 증언을 들은 사람들은 마르코 외에도 많았을 것이다. 다른 세 복음서에서 같은 이야기를 다소 다르게 설명하는 것도 자연스럽다. 복음서 기자들은 여인 중 각기 다른 사람의 증언에 의지해 사건을 서술했기 때문이다. 오늘날에도 그렇듯 같은 경험을 겪었다 해도 기억하는 바는 조금씩 다르기 마련이다.

그러나 이 목격자들은 '여성'이었음을 잊지 말자. 대다수 학자가 지적하듯 당시 유대 사회는 여성을 증인으로 신뢰하지 않았다. 당시 사회는 여성이 남성과 견주었을 때 감정적인 존재라 여겼고 특히 종교 문제에 있어서는 너무 쉽게 감정에 휘둘려 경솔하게 믿는 경향이 있다고 생각했다. 지적 차원에서 그리스도교를 경멸했던 2세기 철학자 켈수스Celsus는 막달라 마리아를 "히스테리에 걸린 여성"이라 부르며 그녀가 증언한 내용을 전혀 믿

10. 오래된 유대식 무덤. 예수의 무덤도 이러한 형태였다.

을 수 없다고 주장했다. 루가의 복음서도 처음에는 남성 제자들이 여인들의 증언을 믿지 않았다고 분명하게 밝힌다. 문제는 여기서 끝나지 않는다. 당시 사회 분위기는 신적인 계시를 처음으로 받은 사람이 여성이라는 사실을 받아들일 수 없었다. 예수가 죽음에서 되살아났다면, 이를 처음 발견하는 이는 남성이어야 했다.

역설적으로, 이 모든 점은 예수의 부활 목격담이 단순한 창작물이 아님을 보여준다. 어떻게 이런 이야기들이 나왔을까 생각하기 전에 우리는 복음서 외에 다른 곳에서도 많은 사람이 예

죽음과 새로운 시작 | **193**

수가 죽은 후 되살아났다는 것을 보았다고 증언했음을 기억해 둘 필요가 있다. 그들은 예수를 인지했고(한 번에 알아보지 못한 예도 있었지만), 그와 대화를 나누었으며 심지어 함께 식사도 했다. 마르코를 제외한 다른 복음서들은 예수가 "출현한" 이야기를 적어도 두 개 이상 기록했다. 또 하나 분명한 점은 복음서 기자들이 담아낸 기록은 부활한 예수에 관련된 여러 이야기 중 극히 일부에 불과하다는 것이다. 복음서 기록 외에도 예수의 출현을 다룬 이야기들은 꽤 많이 있었다. 이에 관한 첫 번째 언급은 AD 52년 혹은 53년경 기록된 바울의 저작에서 발견할 수 있다. 바울은 예루살렘에 있던 사도들에게 받은 명단을 옮겨 적었는데(1고린 15:5~8), 이 명단에는 죽음 후에 나타난 예수를 본 사람들의 이름이 있다. 게바(열두 제자 중 수제자였던 시몬 베드로), 열두 제자, 동시에 예수를 목격했던 오백 명의 사람들(바울에 따르면 그때까지 대부분이 살아있었다), 야고보(초기 그리스도교 운동의 지도자가 되었던 예수의 형제 야고보), "모든 사도"(열두 제자보다 더 큰 범주), 그리고 바울. 바울은 부활하신 예수와 만난 자신의 경험이 다소 이례적인 일임을 인정하면서도, 전통처럼 내려온 예수의 목격자 명단에 자신의 이름을 포함했다.

바울이 그 명단에 기록된 사람들이 아직 살아 있다고 말하면서 그들을 초기 그리스도교 공동체에 널리 알려진 사람들로 대우한다는 점은 주목할 만하다. 목격자들은 여전히 자신이 경험한 바를 사람들에게 전했다. 누구나 그들에게 의견을 구할 수 있었다. 바울이 제공하는 증거는 각자가 할 이야기를 갖고 있던, 특정한 사람들의 수많은 이야기다. 물론 그들은 중립적인 위치에서 관찰한 사실을 말하지 않았다. 그들은 자신이 겪은 어떤 놀라운 사건을 증언했다. 이 사건은 그들의 삶을 바꾸어 놓았다. 목격자들은 자신이 증언한 사건을 죽을 때까지 경험하며 살았다.

이제 초기 그리스도교인들이 목격자들이 경험한 사건을 어떻게 이해했는지 살펴보자. 첫째, 그들은 사람들이 본 부활한 예수는 어떤 '혼'이 아니라 살아있는 육체를 지닌 바로 그 예수라고 생각했다. 그들은 죽은 사람이 환영으로 나타나는 '귀신'을 알고 있었다. 예수의 경우도 그랬다면 그들이 믿은 '부활'보다는 한결 덜 중요하게 다루었을 것이다. 빈 무덤 보고는 이러한 출현 내러티브에 잘 어울린다. 사람들에게 나타난 예수가 육체와 정신 모두를 갖고 있었음을 말해주기 때문이다. 부활한 예수는 몸은 무덤에 둔 채 이곳저곳을 돌아다니는 유령이 아니었다. 둘째, 그들은 예수가 생전에 죽은 자들을 소생시킨 방식으로 되살아났다고 생각하지 않았다. 십자가에서 죽음을 맞이하기 전 예수는 나인이라는 동네에서 어느 과부의 죽은 아들을 치유한 적

죽음과 새로운 시작 | **195**

이 있다. 이때 그는 생명을 회복했다. 이는 오늘날 병원에서 '의학적으로 죽은' 사람이 소생하는 것과 유사하다. 예수는 자기 뜻대로 사람들에게 나타났으나 자주 모습을 드러내지는 않았다. 사람들은 예수가 나타났다 사라지더라도 그가 어디에 있는지 궁금해하지 않았던 것처럼 보인다. 부활한 예수가 이 땅에 있던 짧은 시간 동안 그는 이전과는 분명 다르게 행동했다. 사람들은 그가 새로운 육체적인 삶, 영원한 삶을 얻어 하늘로 올라갔다고 믿었다.

육체적으로 변형된 존재에 관한 관념은 당시 유대인들에게도 있었다. 그들은 이를 부활이라고 불렀다. 많은 이가 역사가 끝날 때, 즉 하느님이 악과 죽음을 완전히 파괴하시고 모든 창조물을 회복하시는 날에 모든 죽은 자에게 새로운 생명을 주실 거라고 믿었다. 초기 그리스도교인들은 이 일이 예수에게 일어났다고 믿었다. 그들은 예수는 특별한 자격으로 다른 이들보다 앞서 새로운 생명을 얻었다고 생각했다. 유대교 전통 어디를 찾아보아도 누군가에게 먼저 이런 일이 일어났다고 주장한 사례는 없다. 부활 사건은 이례적이고 매우 놀라운 일에 그쳤을 수도 있다. 그리고 초기 그리스도교인들이 이 놀라운 사건을 받아들였을 때 예수가 전했던 하느님 나라, 즉 이미 지금 여기 임하였으나 완전히 이루어지지는 않은 하느님 나라에 관한 다른 그림

이 만들어졌다. 그러나 당연히 일어난 것으로 받아들일 수 없는 무엇, 억누를 수 없는 놀라움을 만들어내는 원천에 대한 지속적인 감지는 초기 그리스도교 문헌 전체를 관통한다.

십자가 사건 이후 예수에게 어떠한 일이 일어났는지에 관한 초기 그리스도교인들의 견해에 동의하기 위해서는 어느 정도는 (오늘날 그리스도교인이 그렇듯) 그들의 폭넓은 종교적 세계관에 동의해야 한다. 그렇지 않으면 예수의 죽음에 깊은 환멸을 느꼈던 제자들에게 어떤 특별한 일이 일어나 하느님이 예수를 죽음에서 되살리셨음을 믿게 되었다고밖에는 설명할 수 없다. 일본 소설가 엔도 슈사쿠가 『예수의 생애』에서 썼듯이 "예수가 부활했음을 믿지 않는다면 예수의 제자들이 부활만큼이나 충격적인 사건을 경험했다고 믿을 수밖에 없다".

예수가 죽은 후 한 세기쯤 지나, 정황은 불분명하지만 로마 제국이 랍비 아키바Aquiva 혹은 Akiba를 처형했다. 아키바는 고문을 당하면서도 계속해서 쉐마, 이스라엘의 유일한 한 분 하느님에 관한 유대교 신앙 고백문을 암송했다고 한다. 암송은 숨이 끊어질 때까지 이어졌다. 랍비 아키바는 초기 랍비 운동에 등장한 탁월한 선생이었다. 제자들은 그의 토라 해석을 기억하고 전파했다. 예수가 토라를 해석하는 선생이었을 뿐이라면 그 역시 아키바와 같은 방식으로 기억되었을 것이다. 예수의 제자들도 아

죽음과 새로운 시작 | 197

키바의 제자들과 비슷한 정도로 예수에 관한 기억을 영광스럽게 채색하고, 그의 가르침을 전달하는 선에서 만족했을 것이다. 그러나 예수는 단순히 토라를 해석하는 선생이 아니었다. 그는 하느님 나라의 도래를 제정할 권한이 자신에게 있다고 주장했다. 제자들은 그를 메시아로 여겼으며 예수도 이를 부정하지 않았다. 십자가 사건 이후, 제자들은 그가 진정한 메시아라고 더욱더 확신하게 되었다. 그들은 하느님께서 예수를 죽음에서 되살려 하늘로 올라가게 하시고, 천국의 신성한 왕좌에 앉히심으로써 그의 신성함을 몸소 입증하셨다고 생각했다. 주목할 만한 새로운 종교 운동이 일어났다. 처음에는 유대교 내부에 있었으나 점차 그 규모가 커졌다. 이 운동은 예수가 메시아이며 그를 따라 사는 사람들의 삶 가운데 예수가 여전히 살아 움직인다는 믿음에 기반을 두었다.

시몬느 바 코흐바Simon bar Kokhba도 자신이 메시아라고 주장했다. 랍비 아키바는 이 사람을 지지한 것으로 알려져 있다. 바 코흐바는 제2차 유대-로마 전쟁을 이끌었으나(AD 132~135) 항쟁은 진압당했다. 그는 큰 전투에서 죽은 것으로 추정된다. 그렇게 코흐바의 메시아 경력은 끝났다. 유대 전통은 그를 메시아라고 자칭했으나 실패한 사람으로만 기억한다. 아키바 역시 그런 사람을 지지한 것을 두고 어리석은 선택을 했다고 비판받았다.

예수 이야기가 십자가 죽음으로 끝났다면 사람들은 그를 실패한 메시아 지망생으로 기억했을 것이다. 무엇인가 새로운 사건이 시작되지 않았다면 그리스도교 신앙도, 초기 그리스도교 운동 또한 일어나지 않았을 것이다.

물론 복음서는 예수의 부활을 믿는 그리스도교 신앙을 바탕으로, 그를 다시 살아나셔서 활동하시는 주님으로 고백하는 신앙을 알리고 권유하기 위해 쓰였다. 어떤 독자들은 이 점 때문에 신약성서가 예수에 관한 역사 자료로 보기에는 부적합하다고 생각할지도 모른다. 의심은 필요하다. 우리는 그리스도교인들이 시간이 한참 흐른 뒤 자신들이 믿는 내용을 복음서에 투사한 것은 아닌지 질문할 필요가 있다. 그러나 역사적인 사건을 당사자의 관점으로 해석하는 것은 그리 생소한 일이 아니다. 이러한 일은 역사를 기술할 때 자주 일어난다. 여기서 역사란 단순한 연대기를 뜻하지 않는다. 복음서 저자들은 그리스도교 신앙에서 부활한 주님으로 알려진 예수를 믿었다. 그럼에도 불구하고 그들은 자신들이 전하는 이야기가 과거에 실제로 일어났던 일이라는 것을 분명하게 드러냈다. 어떤 사람들은 요한의 복음서를 부활한 그리스도에 관한 이야기만을 주로 전하는, 예수의 지상 활동에 관해서는 피상적으로만 다룬 기록으로 여긴다. 그러나 요한의 복음서조차 예수가 지상에서 활동할 때 제자들이 그에 대해 생각했던 바와, 부활 이후 생각했던 바가 달랐다는 점을 명백하게 지적한다. 초기 그리스도교인들은 부활하신 주님이 나자렛 예수라고 믿었다. 그들은 예수가 죽음을 맞이할 때까지 어떻게 살았는지 충실하게 증언할 때에만 지금도 살아계셔서 자신들 가운데서 활동하시는 그리스도가 어떤 분이신지를 알 수 있다고 생각했다. 그들에게는 예수가 전한 이야기와 말을 보존해야 할 좋은 이유가 있었다. 그들은 이 이야기와 말을 바탕으로 복음서를 구성했다.

예수 이야기가 십자가 죽음으로 끝났다면

사람들은 그를 실패한 메시아 지망생으로 기억했을 것이다.

무엇인가 새로운 사건이 시작되지 않았다면

그리스도교 신앙도, 초기 그리스도교 운동 또한

일어나지 않았을 것이다

모든 것에 대한 통치자로서

하느님을 숭배하던 초기 그리스도인은

이제 그 숭배 대상에

하느님과 통치를 공유하는 예수를 포함했다.

제8장	그리스도교 신앙이 고백하는 예수

첫 번째 그리스도인들(이 용어를 사용하는 것은 지금이 처음이다)은 모두 유대인이었고 그중 많은 수의 사람이 예루살렘에 공동체를 이루어 살았다. 대부분은 예수가 죽기 전에 이미 그의 제자였던 사람들이었다. 많은 사람이 부활한 예수를 목격했다. 그들은 하느님께서 예수를 죽음에서 되살리셨고 천국으로 승천시켜 온 우주를 다스리시는 당신의 신성한 왕좌에 함께 앉도록 허락하셨다고 믿었다. 그들은 이 땅에 하느님의 나라를 완성하기 위해 예수가 다시 돌아올 것이라고 믿었다. 그때가 올 때까지 예수는 그들에게 삶과 예배의 살아있는 중심이었다. 그들은 자신을 회복된 이스라엘로 여겼으며 예수를 하느님의 아들이자 구

주로 여기는 백성이라 생각했다. 그들은 자신들에게 예수의 사명을 지속할 임무가 있다고 생각했다.

예수가 죽음을 맞이한 이후 추종자들은 그를 단순히 따라야 할 가르침을 남기고 순교한 선생으로 여긴 적은 없었다. 이는 매우 중요한 사실이다. 19세기 이후 많은 이가 사도 바울이 그리스도교를 만들었다고 해석하는 시도를 되풀이했다. 그들은 바울이 예수를 신앙과 예배의 대상으로 만든 최초의 인물이라고 주장했다. 그러나 바울을 그리스도교의 설립자로 보는 모든 이론은 사실에서 벗어난다. 그는 그리스도교를 창조할 만한 충분한 힘이나 영향력을 갖고 있지 않았다. 예수가 메시아임을 믿게 된 이후, 바울은 그리스도교 신앙의 중요 전파자가 되어 오늘날 그리스 및 터키 지역에서 비유대인을 대상으로 복음을 전했다. 그러나 바울이 복음을 전하기 전에, 제국의 수도 로마에는 이미 그리스도인 공동체가 상당한 규모로 만들어져 있었다. 또한 분명 그리스도교는 이집트와 메소포타미아 지역에도 널리 퍼져 있었다. 이렇게 복음이 전파되는 데 바울이 기여한 부분은 없다. 초기 그리스도교의 전파와 관련해 우리가 접할 수 있는 유일한 기록물인 사도행전의 경우, 후반부에서 바울의 선교 여행에 초점을 맞추기 때문에 그의 선교 범위를 과장해서 해석하기 쉽다. 분명, 신약성서에 보존되어 있는 바울의 서신들은 가장 인상적으로 초기 그리스도교 신앙을 설명하고 있으며 후대 교회에 방대한 영향을 미쳤다. 그러나 바울이 세운 교회들에서 그가 쓴 서신들을 공유하기 수십 년 전에도 그리스도 신앙은 존재했다. 고대 세계에서 초기 그리스도교 운동을 발생시키고 확산한 핵심 인물은 바울이 아니었다. 처음 핵심 인물은 사도들이었고, 후에는 예수의 동생 야고보가 이끌었던 예루살렘 교회였다. 초기 그리스도교 운동이 일반적으로 공유하던 내용은 예루살렘에서 왔지, 바울에게서 오지 않았다. 바울도 자신이 설교한 중심 메시지를 예루살렘에 있던 사도들에게서 이끌어 왔다. 바울이 가르친 내용의 핵심은 초기 그리스도교 신앙에서 일반적인 내용이었다. 그렇다 하더라도 그가 다른 초대 교회의 주요 선생들(이를테면 요한의 복음서 저자)과 마찬가지로 그리스도교 신앙을 독자적인 방식으로 정리한 천재적인 사상가라는 점은 바뀌지 않는다.

바울은 예수를 그리스도교 신앙과 예배의 대상으로 만들지 않았다. 바울의 영향권 밖에 있는 다양한 초기 그리스도교 저작들에서도 예수는 신앙과 예배의 대상이었다. 초기 예루살렘 공동체는 예수를 과거의 인물이 아닌 살아 역사하시는 (하느님의) 대리인으로 이해했다. 그들은 한편으로는 계속 예루살렘 성전에서 드리는 예배에 충실하게 참여하면서도 다른 편으로 함께 모여 빵을 떼어 먹었다. 예수가 살아있을 때 즐기던 식탁 교제를 이어간 것이다. 사람들은 식탁 교제를 나누며 예수의 희생을 기억하고 활용했다. 그들은 기도를 드릴 때 예수를 언급했으며 더 나아가 예수를 숭배했다. 제자 모두가 철저한 유대인이었던 당시 맥락에서 이러한 전개는 놀라운 일이다. 유대교 신앙에서 가장 중요한 원칙은 하느님만이 숭배의 대상이라는 것이다. 이 때문에 어떤 학자들은 최초의 그리스도인들이 예수를 숭배했다고 결론 내리기를 망설인다. 그러나 그들이 가졌던 믿음을 고려하면 예수 숭배는 이해할 만한 결과다. 최초의 그리스도인들은 예수가 하느님 우편에 위치한 천상의 왕좌에 앉게 되었다고 믿었다. 이제 창조물에 대한 하느님의 유일무이한 통치권에 참여할 수 있게 된 것이다. 모든 것에 대한 통치자로서 하느님을 숭배하던 초기 그리스도교인은 이제 그 숭배 대상에 하느님과 통치를 공유하는 예수를 포함했다.

이 지면에서 예수에 관한 초기 그리스도교 신앙 전체를 서술할 수는 없다. 그러나 처음부터 초기 그리스도교인들이 유대교 일신론적 신앙의 연장선에서 예수를 숭배했다는 점은 충분히 이야기한 것 같다. 그들에게 예수는 단순한 선생이 아니었다. 예언자도 아니었다. 그들에게 예수는 보편적인 하느님 나라가 도래하고 있음을 삶으로 전했고, 여전히 살아서 전하고 계신 주님이었다. 부활 사건 이후 이제 모든 초기 그리스도교인과 하느님 사이에 예수가 중간자로 위치하게 되었다. 그들에게 예수를 믿는 것은 곧 하느님을 믿는 것이었다. 예수에게 순종하는 것은 곧 하느님에게 순종하는 것이었다. 예수가 다시 오기를 바라는 것은 곧 하느님께서 당신의 나라를 온전히 세우시기를 바라는 것이었다. 다른 무엇보다, 초기 그리스도교인이 하느님을 아는 것은 곧 그분이 '예수의 아버지'임을 아는 것을 뜻하게 되었다. 앞에서 언급했듯 예수는 기도할 때 하느님을 가리키며 꾸준히 아람어 단어 "아바"abba를 사용했다. 초기 그리스도교인들도 계속해서 이 단어를 사용했다(이는 바울의 서신에서도 많이 발견된다. 헬라어를 사용했기에 아람어를 알지 못했던 이들조차 이 단어를 계속해서 사용했다). 초기 그리스도교인들은 예수가 자신이 아버지라고 부르던 분과 맺은 특별하고 친밀한 관계를 자신에게도 공유할 수 있도록 열어놓았다고 믿었다. 예수가 선택한 형제와 자매로서 그들은 하느님을 자신의 아버지라고 고백했다.

초기 그리스도교인들이 신앙의 초점을 여전히 살아있는 예수에 맞추었다는 사실은 예수의 제자들이 배웠던 그의 삶에 관한 이야기나 죽음, 그가 전한 말들을 무시했음을 뜻하지 않는다. 오히려 그들은 예수가 전한 이야기와 말을 소중히 다루었고 시간이 날 때마다 되뇌었다. 그리스도교 성립 초기 단계에서 이

그리스도교 신앙이 고백하는 예수 | 207

이야기와 말은 매우 중요했기 때문에 변하지 않고 기록 형태로 복음서에 남았다. 이 이야기들은 예수가 천국의 영광을 얻은 후에도 동일한 인물로 남아있음을 보여준다. 복음서는 예수를 여전히 인간으로서 삶을 총체적으로 회복하고, 잘못된 모든 것을 용서하며 치유하는 인물로 묘사한다. 또한 복음서는 예수가 자신을 따르던 이들과 공유하고자 했던 '아바'와 하느님을 연결했다. 예수가 전한 가르침은 초기 그리스도교인들을 고무시켰고, 그들에게 정보를 주었으며 헌신적인 제자의 길을 걷도록 도전을 주었다. 초기 그리스도교인들은 예수의 과거를 자신들의 현재와 분리하지 않았다. 그들은 지금 살아계신 그리스도를 알고 따르기 위해 십자가에 못 박혔던 예수를 기억했다.

최초의 그리스도인들이 한 분 하느님에 대한 자신들의 유대교적 이해와 예수에 대한 이해를 통합시켰다고 말하는 것은 그리 과한 견해는 아니다. 이렇게 해서 성육신 교리가 만들어졌다. 그리스도교 역사에서 성육신 교리는 그리스도교인들이 예수와 인간, 하느님이 맺은 관계의 핵심을 요약하는 데 사용되었다. 그리스도교 신앙에서 예수가 어떠한 위치를 차지하는지 설명하기 위해 성육신 교리를 간략하게 설명하는 것은 적절한 방법이다(인간됨 혹은 체현體現을 의미하는 '성육신'incarnation은 "말씀이 사람이 되셔서"라고 증언하는 요한의 복음서 서문에 기반을 둔다).

성육신 교리의 고전적인 형태는 삼위일체 교리와 분리하여 이해하기 어렵다. 삼위일체 교리에 따르면, 하느님은 비할 바 없이 친밀한 세 개의 위격으로 이루어진 복합적 단일체이시다. 여기서 세 개의 위격은 성부와 성자, 그리고 성령을 가리킨다. 성부와 성자라는 이름은 복음서에 드러난 예수와 하느님의 관계, 아들과 아버지의 관계가 삼위일체 안에서 성부와 성자가 맺은 영원한 관계를 반영한다는 생각에서 비롯되었다. 이 맥락에서 성육신 사건은 성자가 인간, 즉 1세기 유대인 예수로 이 땅에 온 것이다.

예수가 영원한 성자라는 신성한 위격이 되었다는 믿음은 인간으로서의 예수를 평가절하하는 것이 아니다. 성육신 교리의 핵심은 성자가 진실로 실제 인간이 되었다는 데 있다. 여기 담긴 의미를 이해하기 위해서는 먼저 예수가 완전한 인간임을, 온전한 인간의 생각과 감정, 육체를 지니고 사람들과 관계를 맺었다는 점을 염두에 둬야 한다. 예수는 우리와 마찬가지로 완전한 인간이었다(우리와 달리 어떤 잘못도 저지르지 않았다는 점만 제외한다면). 예수가 완전한 인간이었다는 사실은 성육신 교리에 반드시 필요하다. 성육신 교리는 여기에 저 예수가 지녔던 인성이 하느님의 인간성이었음을 덧붙인다. 독특하게도 예수라는 한 남자를 통해, 하느님은 탄생에서 죽음에 이르기까지 인간의 모습으

그리스도교 신앙이 고백하는 예수 | 209

로 사셨다. 동시에 예수는 인간이기를 포기한 적이 없다. 부활하여 천상의 영광을 받기까지 그는 모든 인류가 맞이할 운명을 빚어냈다.

성육신 교리는 예수를 믿는 이들을 호도하여 복음서에 담긴 구체적이고 상세한 내용을 멀리하고 관념적인 교리의 세계로 그들을 이끌기 위해 만들어진 것이 아니다. 오히려, 이 교리는 복음서를 더 잘 읽을 수 있게 해주는 일종의 안내자다. 성육신 교리는 그리스도교인들이 그 이전에, 그 이후로도 인류에게 자신의 모습을 드러내지 않은 하느님을 복음서에 나온 예수에게서 발견할 수 있음을 알려준다. 그리스도교인들은 예수 이야기를 통해 하느님께서 인류와 사랑으로 결합하셨음을 발견했다. 또한 그들은 예수의 십자가, 그의 버림받은 죽음에서 고통과 거절, 극한의 수모를 감내할 정도로 인간과 한몸이 되셨던 하느님을 발견했다. 성육신 사건은 하느님께서 자신의 백성을 곤경에서 구해내시기 위해 인간의 곤경을 극한까지 공유하셨음을 뜻한다. 성육신이라는 내러티브로 복음서를 읽는 것은 역사적 그리스도교 신앙의 중심이다.

성육신 교리는

그리스도교인들이 그 이전에, 그 이후로도

인류에게 자신의 모습을 드러내지 않은 하느님을

복음서에 나온 예수에게서 발견할 수 있음을 알려준다.

성육신 사건은 하느님께서 자신의 백성을

곤경에서 구해내시기 위해 인간의 곤경을

극한까지 공유하셨음을 뜻한다.

| 더 읽어보기 |

이 책에서 사복음서의 성격과 관련해 채택한 접근법은 나의 다른 책 *Jesus and the Eyewitnesses: The Gospels as Eyewitness Testimony* (Grand Rapids: Eerdmans, 2006)에서 더 자세히 설명했고 주장의 정당성을 논증했다(『예수와 그 목격자들』(새물결플러스)). 8장에서 예수에 대한 초기 그리스도교인들의 이해에 관한 견해는 나의 다른 저작 *Jesus and the God of Israel: God Crucified and Other Studies on the New Testament's Christology of Divine Identity* (Milton Keynes: Paternoster, Grand Rapids: Eerdmans, 2008)에서 가져왔다.

역사적 예수라는 주제에 관해 학자들이 어떠한 논의를 하고 있는지 살필 수 있는 유용한 입문서로는 제임스 K.베일비James K. Beilby, 폴 로즈 에디Paul Rhodes Eddy가 편집한 *The Historical Jesus: Five Views* (Downers Grove: InterVarsity Press, 2009; London : SPCK, 2010)가 있다(『역사적 예수 논쟁』(새물결플러스)). 이 책에서 제임스 던James D.G. Dunn과 존 도미닉 크로산John Dominic Crossan, 대럴 L. 복Darrell L. Bock, 루

더 읽어보기 | **213**

크 티모시 존슨Luke Timothy Johnson, 로버트 M. 프라이스Robert M. Price
는 각자의 견해를 개진하고 다른 사람의 주장을 비평한다. 이
문제를 교과서적인 방식으로 다룬 책이자, 주류 견해에 속하
는 학자의 저서로는 게르트 타이센Gerd Theissen과 아네테 메르츠
Annette Merz가 쓴 *The Historical Jesus : A Comprehensive Guide, translated by John
Bowden* (London : SCM Press, 1998)가 있다(『역사적 예수』(다산글방)). 이외
에도 최근 역사적 예수 문제를 다룬 두꺼운 책들이 출간되었다.
대표적으로 존 도미닉 크로산이 쓴 *The Historical Jesus : The Life of a
Mediterranean Jewish Peasant* (Edinburgh : T.&T.Clark, 1991)(『역사적 예수』(한국기
독교연구소)), 톰 라이트N. T. Wright가 쓴 *Jesus and the Victory of God* (London:
SPCK, 1996)(『예수와 하느님의 승리』(크리스천다이제스트)), 제임스 던이
쓴 *Jesus Remembered* (Grand Rapids: Eerdmans, 2003)(『예수와 기독교의 기원』(새
물결플러스)), 크레이그 S. 키너Craig S. Keener가 쓴 *The Historical Jesus of the
Gospels* (Grand Rapids: Eerdmans, 2009) 등을 들 수 있다. 이 주제와 관련
하여 가장 두꺼운 책은 존 P. 마이어John P. Meier가 쓴 *A Marginal Jew:
Rethinking the Historical Jesus* (New York: Doubleday, 1991~)인데 현재 네 번
째 책까지 출간되었다.[*] 마이어가 수립한 기획은 역사적 예수 문
제를 두고 지금까지 나온 모든 견해를 20세기 성서 비평의 표준

---

[*] 2016년 1월 5일 다섯 번째 책이 출간되었다.

도구들을 사용해 철저하게 평가하는 것이다.

더 짧고 쉽게 읽을 수 있는 책들로는 (그러나 이런 책들이 취하는 접근 방식은 매우 다양하다) E. P. 샌더스E. P. Sanders가 쓴 *The Historical Figure of Jesus* (London: Allen Lane[Penguin], 1993), 마르쿠스 보크뮤엘Markus Bockmuehl이 쓴 *This Jesus: Martyr, Lord, Messiah* (Edinburgh: T.&T. Clark, 1994), 게자 버미스Geza Vermes가 쓴 *The Religion of Jesus the Jew* (London : SCM Press, 1993)(『유대인 예수의 종교』(은성)), 마커스 보그Marcus J. Borg가 쓴 *Jesus : A New Vision, 2nd edn.*(New York : HarperCollins, 1991)(『예수 새로 보기』(한국신학연구소)), 스캇 맥나이트Scot McKnight가 쓴 *A New Vision for Israel* (Grand Rapids: Eerdmans, 1999), 마커스 보그와 톰 라이트가 함께 쓴 *The Meaning of Jesus: Two Visions* (San Francisco : HarperCollins, 1999)(『예수의 의미』(한국기독교연구소)), 요제프 라칭거(교황 베네딕토 16세)Joseph Ratzinger가 쓴 *Jesus of Nazareth,* tr. Adrian J.Walker (London : Bloomsbury, 2007)(『나자렛 예수』(김영사)), 제럴드 오콜린스Gerald O'Collins가 쓴 *Jesus: A Portrait* (London: Darton, Longman, Todd, 2008) 등이 있다.

복음서를 역사적 자료로 믿을 수 있는지에 대해서 복음서의 신뢰도를 잘 입증한 책들로는 폴 로즈 에디와 그레고리 A. 보이드Gregory A. Boyd가 함께 쓴 *The Jesus Legend: A Case for the Historical Reliability of the Synoptic Jesus Tradition* (Grand Rapids: Baker Academic, 2007), 폴 W. 바넷Paul W. Barnett이 쓴 두 권의 책, *Jesus and the Logic of History* (Leicester: Apollos,

더 읽어보기 | **215**

1997) 및 *Finding the Historical Christ* (Grand Rapids: Eerdmans, 2009)가 있다.
예수 세미나에 참여하는 미국 학자들은 훨씬 더 회의적인 결론
들을 내놓았고, 이 결과물은 로버트 W. 펑크Robert W. Funk와 로이
W. 후버Roy W. Hoover가 쓴 *The Five Gospels: The Search for the Authentic Words
of Jesus* (New York: Polebridge, 1993)에 잘 나와있다. 보기 드물게 복음
서의 역사적 신뢰도에 극도로 회의적인 입장을 보인 책으로는
로버트 M. 프라이스가 쓴 *The Incredible Shrinking Son of Man* (Amherst:
Prometheus, 2003)이 있다.

특정 관점으로 예수의 삶과 가르침을 조명한 책은 당연하
게도 매우 많다. 최근 연구를 반영한 주목할 만한 책을 꼽자면
케네스 E. 베일리Kenneth E. Bailey가 쓴 *Jesus through Middle Eastern Eyes:
Cultural Studies in the Gospels* (London : SPCK, 2008)(『중동의 눈으로 본 예수』
(새물결플러스)), 조너선 L. 리드Jonathan L. Reed가 쓴 *Archaeology and the
Galilean Jesus* (Harrisberg: Trinity Press International, 2000), 클라인 스노드그
래스Klyne Snodgrass가 쓴 *Stories with Intent: A Comprehensive Guide to the Parables
of Jesus* (Grand Rapids: Eerdmans, 2008), 리처드 A. 호슬리Richard A. Horsley
가 쓴 *Jesus and the Spiral of Violence: Popular Jewish Resistance in Roman Palestine*
(Minneapolis: Fortress, 1993), 브루스 칠턴Bruce Chilton이 쓴 *Pure Kingdom:
Jesus' Vision of God* (Grand Rapids: Eerdmans; London: SPCK, 1996), 그리고 나
의 책 *Gospel Women: Studies of the Named Women in the Gospels* (Grand Rapids:

Eerdmans; Edinburgh: T.&T. Clark, 2002) 등이 있다.

유용한 참고문헌으로는 조엘 B. 그린Joel B. Green과 스캇 맥나이트, I. 하워드 마셜I. Howard Marshall이 편집한 *Dictionary of Jesus and the Gospels* (Downers Grove/Leicester: InterVarsity Press, 1992)(『예수 복음서 사전』 (요단출판사))이 있다. 마르쿠스 보크뮤엘이 편집한 *The Cambridge Companion to Jesus* (Cambridge: Cambridge University Press, 2001)은 예수에 관한 방대한 주제의 글들을 요약 제공한다. 데이비드 F. 포드David F. Ford와 마이크 힉턴Mike Higton이 편집한 *Jesus* (Oxford: Oxford University Press, 2002)는 20세기에 출판된 예수 관련 저작들을 340권 이상 발췌하여 실은 책이다.

복음서를 다룬 책은 매우 많으며 주석서도 많다. 이 중에서 가장 좋은 책 두 권을 꼽으라면 마틴 헹엘Martin Hengel이 쓴 *The Four Gospels and the One Gospel of Jesus Christ*, tr. John Bowden (London: SCM Press, 2000)과 마르쿠스 보크뮤엘 및 도널드 A. 해그너Donald A. Hagner가 쓴 *The Written Gospel* (Cambridge: Cambridge University Library, 2005)이다. 신약성서 이외의 자료들이 예수에 관해 기록한 바를 살피려면 로버트 E. 반 부어스트Robert E. Van Voorst가 쓴 *Jesus Outside the New Testament* (Grand Rapids: Eerdmans, 2000)를 참조하라. 영지주의 복음서와 영지주의 복음서가 당시 그리스도교에 미친 영향에 관해서는 필립 젠킨스Philip Jenkins가 쓴 *Hidden Gospels* (Oxford: Oxford University Press, 2001)

와 대럴 L. 복의 *The Missing Gospels* (Louisville: Thomas Nelson, 2006)을 살펴보길 바란다.

초기 그리스도인의 예수 신앙에 관해서는 래리 허타도Larry W. Hurtado가 쓴 *Lord Jesus Christ: Devotion to Jesus in Earliest Christianity* (Grand Rapids: Eerdmans, 2003)(『주 예수 그리스도』(새물결플러스)), 리처드 N. 롱에네커Richard N. Longenecker가 편집을 맡은 *Contours of Christology in the New Testament* (Grand Rapids: Eerdmans, 2005), 로버트 M. 보먼Robert M. Bowman과 J. 에드 코모스제프스키J. Ed Komoszewski가 저술한 *Putting Jesus in His Place: The Case for the Deity of Christ* (Grand Rapids: Kregel, 2007)를 보라.

베벌리 로버츠 가벤타Beverly Roberts Gaventa와 리처드 B. 해이스Richard B. Hays는 *Seeking the Identity of Jesus: A Pilgrimage* (Grand Rapids: Eerdmans, 2008)에서 역사적 예수 문제를 상세히 다루면서도 교회의 전통과 오늘날에도 실재하는 예수에 대해 살핀 학자 집단의 글을 편집하여 실었다.

그리스도교 신학에서 예수를 어떻게 다루는지에 관해서는 존 웹스터John Webster, 캐서린 태너Kathryn Tanner, 이언 토랜스Iain Torrance가 편집한 *The Oxford Handbook of Systematic Theology* (Oxford: Oxford University Press, 2007)에서 올리버 D. 크리스프Oliver D. Crisp가 쓴 '성육신'Incarnation 항목(pp.160~75)과 제럴드 오콜린스가 쓴 *Christology:*

A Biblical, Historical and Systematic Study of Jesus (Oxford: Oxford University Press, 1995), 스티븐 T. 데이비스Stephen T. Davids와 다니엘 켄들Daniel Kendall, 제럴드 오콜린스가 편집한 *The Incarnation: An Interdisciplinary Symposium on the Incarnation of the Son of God* (Oxford: Oxford University Press, 2002)을 살펴보기 바란다.

문화 영역에서 인류가 역사적으로 어떻게 예수를 이해해왔는지는 야로슬라프 펠리칸Jaroslav Pelikan이 쓴 *Jesus through the Centuries : His Place in the History of Culture* (New Haven/London: Yale University Press, 1985)(『예수, 역사와 만나다』(비아)), 스티븐 프로테로Stephen Prothero가 쓴 *American Jesus: How the Son of God Became a National Icon* (New York: Farrar, Straus & Girous, 2003), 가브리엘레 파이날디Gabriele Finaldi가 쓴 *The Image of Christ* (London: National Gallery Company, 2002)를 보라.

다른 종교 전통에서 예수를 어떻게 바라보는지 살피려면 그레고리 A. 바커Gregory A. Barker가 편집한 *Jesus in the World's Faiths: Leading Thinkers from Five Religions Reflect on His Meaning* (New York: Orbis, 2007), 그레고리 A. 바커와 스티븐 E. 그레그Stephen E. Gregg가 편집한 *Jesus Beyond Christianity: The Classic Texts* (Oxford: Oxford University Press, 2010), 타리프 칼리디Tarif Khalidi의 *The Muslim Jesus: Sayings and Stories in Islamic Literature* (Cambridge, Mass.: Harvard University Press, 2001)를 보라.

책을 추천하면서 최근 나온 저작들 위주로 고른 것은 그 저작들이 가장 훌륭한 연구 결과를 내놓았기 때문이 아니라 최근의 책들을 통해 과거에 나온 연구에도 접근할 수 있기 때문임을 밝혀 둔다.

다마스쿠스로 가는 길 위에서

바울의 삶을 통째로 바꾼 예수 체험은

오늘날에도 계속되고 있다.

예수를 체험한 이들에게 예수는

과거의 인물이 아니라 지금 이 순간에도 함께하는,

살아있는 인물이다.

- 옮긴이의 말 中-

누구도 부인할 수 없는 '진리'는
역사 서술의 영역에서는 찾을 수 없다. 다만 우리는
"숙련된 기술을 바탕으로 증거를 적절하게 다루어
정직하고 현명하게 그 사실을 설명"하는
"좋은 역사"를 가려낼 수 있을 뿐이다.

-옮긴이의 말 中-

| 옮긴이의 말 |

이 책은 옥스퍼드 대학교 출판부에서 펴낸 간략한 입문서 시리즈Very Short Introduction 중 예수 편이다. 역사상 실존한 위대한 인물을 다루는 입문서라면 일반적으로 그의 일대기를 뼈대로 하여 사상이나 업적, 영향 등을 개괄하기 마련이다. 그러나 예수는 다른 인물과 달리 삶의 궤적을 온전히 파악하는 것이 불가능하다. 우리에게 전해지는 정경 복음서는 예수가 본격적으로 활동을 시작한 이후 시기만을 다루거나, 탄생 및 소년 시절에 관해서는 단편적인 이야기만을 전하기 때문이다. 예수의 어린 시절에 관해 가장 많은 정보를 담은 루가의 복음서마저 열두 살에 그가 과월절을 지키려 예루살렘에 다녀왔다고 말하고 이후의 삶은 이렇게만 서술할 뿐이다.

예수는 몸과 지혜가 날로 자라면서 하느님과 사람의 총애를
더욱 많이 받게 되었다. (루가 2:52)

열두 살 이후부터 서른 살즈음, 그가 본격적으로 활동을 시작하
기까지 어떻게 자랐는지, 무엇을 배웠는지, 누구를 사귀었는지,
무슨 일들을 겪었는지 우리는 알지 못한다. 간혹 『야고보의 원
복음서』나 『토마 유년기 복음서』 등의 외경 문헌이 이 미지의 기
간을 메워 넣으려 하지만 역사적 신뢰도는 떨어진다. 그런 문헌
들은 후대 그리스도교 신자들이나 다른 이들이 상상력을 발휘
하여 만들어낸 창작물이 분명한 까닭이다(두 문헌을 살피기 위해서
는 『신약외경』(한님성서연구소)을 참조하라).

　예수의 삶 전체를 서술하기가 불가능하다면 정경 복음서가
기록한 그의 공적 생애에만 초점을 두고 정리할 수도 있다. 그
런데 예수라는 독특한 인물의 경우에는 어디까지를 '생애'라고
규정할지도 문제가 된다. 모든 인물의 생애는 그 사람의 탄생부
터 죽음까지를 가리키기 마련이나 예수의 경우, 적어도 그리스
도교 신앙에서는 죽음 이후 되살아나 활동한 시기까지도 '생애'
로 간주한다. 심지어 어떤 의미에서 부활한 예수는 오늘날에도
살아있다. 세속화된 서구 사회에서는 그리스도교가 몰락했다지
만 여전히 세계에서 가장 많은 인구가 그리스도교 신앙 전통에

속해 있으며 예수를 '주'主로 고백한다. 다마스쿠스로 가는 길 위에서 바울의 삶을 통째로 바꾼 예수 체험은 오늘날에도 계속되고 있다. 예수를 체험한 이들에게 예수는 과거의 인물이 아니라 지금 이 순간에도 함께하는, 살아있는 인물이다.

물론 팔레스타인 땅에서 활동한 예수와 부활하여 지금까지도 그리스도교인들에게 영향을 미치는 예수는 개념상 다르다. 신약학에서는 전자를 '역사적 예수'라고, 후자를 '부활 이후의 그리스도'라고 부른다. 현대 신약학에서 이루어지고 있는 논의에 관심을 두고 관련 서적을 눈여겨본 독자라면 보컴의 이 책이 예수에 관한 입문 역할을 하는 저작일뿐 아니라 역사적 예수를 두고 일어난 질문들에 나름의 답변을 제시하고 이를 바탕으로 예수의 생애를 재구성해낸 저작임을 알아차렸을 것이다. 이 책을 읽기 전에, 혹은 읽고 나서 신약학에서 역사적 예수를 둘러싸고 벌어진 일련의 흐름을 살피는 건 이 책의 성격과 의의를 좀 더 적절하게 살피는 데 도움을 줄 수 있다.

역사적 예수 문제를 본격적으로 제기한 이는 18세기 철학자이자 신학자인 헤르만 사무엘 라이마루스Hermann Samuel Reimarus(『하느님을 믿는 자들에 대한 변명』Apologie oder Schutzschrift für die vernünftigen Verehrer Gottes)다. 계몽주의 세례를 받은 그는, 신격화한 예수의 모습을 의심하고 예수를 실패한 한 인간으로 끌어내렸다. 라이마루스 이후, 그리스도교 신앙이 고백하는 '그리스도 예수'와 실제 활동했던 '역사적 예수'는 다르다고 생각하는 학자들이 점차 생겨나기 시작했다. 두 개념을 구분하지 않는 정경 복음서의 증언도 일각에서 의심의 눈총을 받았다. 다비드 프리드리히 슈트라우스David Friedrich Strauss는 복음서의 많은 부분이 역사 자료라기보다는 신화에 가깝다고 주장하면서, 초기 그리스도교인들이 히브리 성서에 기초해 예수의 이야기를 꾸며냈다는 대담한 결론을 내리기도 했다(『비판적으로 검토된 예수의 생애』Das Leben Jesu kritisch bearbeitet). 합리적이고 계몽적인 시대 분위기에 맞춘 예수 이해가 확산될 때쯤, 다른 한편으로는 고전적 교리를 고수하는 학자들도 있었다. 그들은 여전히 복음서의 역사적 신뢰도가 높다는 견해를 고수했고 죽음 이전과 부활 이후 예수의 삶이 단절되지 않는다고 믿었다.

한동안 예수의 삶과 복음서의 성격을 둘러싸고 대립하는 견해가 평행선을 달렸고, 수많은 연구물이 쏟아져 나왔다. 이러한 상황을 종결시킨 이가 알베르트 슈바이처Albert Schweitzer다. 슈바이처는 당시 출판된 600여 권의 예수 관련 저작을 전부 검토한 끝에, 학자들이 단지 자신의 전제를 예수에 투영했을 뿐이라고 결론지었다(『예수의 생애 연구사』Geschichte der Leben Jesu Forschung(한국기독교

출판사)). 역사적 예수라는 우물에 비친 수많은 얼굴이 실은 연구자 자신의 얼굴이었다는 것이다. 슈바이처의 비판으로 불붙었던 역사적 예수 탐구 열기는 단숨에 가라앉았고, "옛 탐구"Old Quest라 일컫는 한 시대의 예수 연구가 마감되었다.

슈바이처 이후 역사적 예수 연구 자체를 회의하는 "무 탐구"No Quest 시기가 이어졌다. 이 시기 성서 학계를 주도한 양식비평은 성서 읽기에 새로운 획을 그었지만, 거기에 담긴 논리적 전제는 역사적 자료로서 복음서의 신뢰도를 더욱 떨어뜨렸다. 복음서가 역사적 예수의 삶을 다룬 기록이 아니라 초기 그리스도교가 처한 상황을 반영한 결과물이라고 규정했기 때문이다. 양식비평의 좌장이었던 루돌프 불트만Rudolf Bultmann은 "복음서가 선포하는 것은 케리그마의 예수일 뿐"이라며 역사적 예수 연구의 가능성을 일축했고, 신앙의 그리스도에 관심을 기울여야 한다고 말했다(『예수 그리스도와 신화』Jesus Christus und Mythologie(한국로고스연구원)). 꽤 오랫동안 역사적 예수의 삶을 재구성하는 것은 불가능하다고 믿는 회의주의적 시각이 팽배했다.

"부활 이후의 그리스도만이 접근 가능하며 우리에게 유의미한 예수"라는 불트만의 결론은 현대적 의미의 가현설*로 읽

---

* 예수는 하느님이시기에 그가 인간의 육체를 취한 것은 단지 환상일 뿐이라는 고대 영지주의자들의 교리. 초기 그리스도교 교부들과 신자들은 이

힐 수도 있다. 이러한 우려에서 잠시 단절된 역사적 예수 물음을 다시금 고민해야 한다는 학자들이 출현했다. 불트만의 제자 에른스트 케제만Ernst Käsemann은 1953년 '역사적 예수의 문제'Das Problem des historischen Jesus라는 유명한 강연에서 역사적 예수와 신앙의 그리스도를 단절하는 당시 주류 학계의 통념에 이의를 제기했다. 그는 공관복음이 예수의 생애를 묘사하는데 상당한 분량을 할애하고 있음을 환기하며 역사적 예수 연구가 그리스도교 신앙의 중요한 조건이라고 주장했다. 귄터 보른캄Günther Bornkamm도 이에 동조하며, 적어도 예수의 일상 사건들은 살필 수 있다고 연구 가능성을 열어 두었다(『나사렛 예수』Jesus von Nazareth(대한기독교서회)). "새 탐구"New Quest가 시작되었다. 다시금 역사적 예수의 삶을 조명하려는 시도가 여기저기서 등장했다.

예수가 역사적으로 어떤 인물이었는지 연구할 수 있다고 믿은 "새 탐구"의 연장 선상에서, 1980년대 즈음 새로운 방식으로 역사적 예수를 다루는 연구 동향이 등장했다. 톰 라이트N. T. Wright는 이 시기를 "제3의 탐구"라 이름 붙였다. 게자 버미스Geza Vermes가 "예수는 유대인이었다"고 지적하며 길을 예비했고(『유대인 예수의 종교』The religion of Jesus the Jew(은성)) E. P. 샌더스E. P. Sanders가

를 이단으로 단죄하고 공들여 반박했다.

228 | 예수

열어젖혔다. 샌더스는 "제2성전기 유대교는 중세적 의미의 율법 종교가 아니라 철저히 하느님의 선택과 언약, 은총에 기반을 둔 종교였다"며 본격적으로 예수의 삶을 1세기 유대교 맥락에서 읽어내고자 했다(『예수와 유대교』Jesus and Judaism(크리스천다이제스트)). 이는 지난 200년간, 일관되게 예수의 삶을 유대교적 배경에서 분리해내던 연구 경향과 대비된다. 이전의 탐구들은 역사적 예수든 신앙의 그리스도든 "율법 종교"인 유대교와는 큰 차이가 있다고 생각했다. 샌더스의 지적 이후, 대부분의 연구자는 적어도 예수의 삶과 당시 유대교가 일정한 연관을 맺고 있음을 인정한다. 나그함마디 문헌과 사해 문서의 발견, 갈릴래아 인접 도시인 세포리스의 발굴 등은 역사적 예수의 삶과 시대 정황에 대한 새로운 정보를 제공했다. 제3의 탐구에 속한 학자들은 정경 복음서 이외에도 토마 복음서 등의 외경과 요세푸스, 알렉산드리아의 필로 등의 유대 저작, 스트라본, 수에토니우스, 타키투스 등의 그레코로만 저작, 탈무드, 미슈나 등의 유대교 문서 등 다양한 자료를 활용한다.

역사적 예수 연구는 다시금 르네상스를 맞이했다. 학자들은 슈바이처의 날 선 지적을 기억하면서도, 합리적 기준과 자료, 새로운 시각을 바탕으로 예수의 생애를 복원하려 노력한다. 게르트 타이센Gerd Theissen과 아네테 메르츠Annette Merz(『역사적

옮긴이의 말 | **229**

예수』Der historische Jesus: ein Lehrbuch(다산글방)), 톰 라이트(『예수와 하나님의 승리』Jesus and the Victory of God(크리스천다이제스트)), 제임스 던James D. G. Dunn(『예수와 기독교의 기원』Jesus Remembered(새물결플러스)), 존 마이어John P. Meier(『주변부 유대인』Marginal Jew), 리처드 호슬리Richard A. Horsley(『예수 운동』Sociology and the Jesus Movement(한국신학연구소)), 존 도미닉 크로산John Dominic Crossan(『역사적 예수』The Historical Jesus: the Life of a Mediterranean Jewish Peasant(한국기독교연구소)), 마커스 보그Marcus Borg(『예수의 의미』The Meaning of Jesus: Two Visions(한국기독교연구소)), 로버트 펑크 Robert W. Funk(『예수에게 솔직히』Honest to Jesus: Jesus for a New Millennium(한국기독교연구소)), 벤 위더링튼 3세Ben Witherington III(『역사적 예수 탐구』The Jesus Quest) , 리처드 보컴 등 쟁쟁한 학자들이 잇따라 예수의 역사적 삶을 다룬 연구물을 출간했다. 일군의 학자들이 모여 '예수 세미나'Jesus Seminar를 조직하고 연구성과를 모아 출간한 책(『다섯 복음서』Five Gospels)이 베스트셀러가 된 것도, 미국 타임지의 표지 모델에 여러 차례 예수의 얼굴이 등장하고 표지기사로 역사적 예수의 삶이 재조명된 것도, 영국의 방송사 BBC가 예루살렘에서 발견된 유골들을 바탕으로 이천 년 전 팔레스타인 사람이었던 예수의 얼굴을 복원한 것도 모두 지금 우리가 살고 있는 "제3의 탐구" 시기에 일어난 일이다.

연구사 전체를 조망하면 학자들이 "역사적 예수의 삶을 과연 재구성할 수 있는가?"라는 물음을 두고 씨름해 왔음을 알 수 있다. 이와 관련해 그들은 "예수의 삶을 복원할 수 있다면, 어떤 기준과 자료를 바탕으로 그려낼 것인가?" 하는 물음에도 답해야 했다. 이 책의 저자인 리처드 보컴은 첫 번째 물음에 나자렛 예수의 삶을 충분히 복원할 수 있다고 답한다. 두 번째 물음에 관련해서는 다른 자료들보다도 정경 복음서를 토대로 예수의 모습을 재구성해야 한다고 본다. 그에 따르면, 신약성서에 수록된 네 권의 복음서는 "목격자들의 증언"에 기초한 것이기에 역사적 신뢰도가 무척 높기 때문이다(이에 대한 구체적인 논의는 그의 다른 저작 『예수와 그 목격자들』Jesus and the Eyewitnesses: the Gospels as Eyewitness Testimony(새물결플러스), 『목격자의 증언, 복음서』The Gospels as Eyewitness Testimony(성서유니온)에서 살펴볼 수 있다).

보컴은 (역사적) 예수 입문서를 쓰면서 기존의 논의를 개괄하거나 학계에서 통용되는 표준 지식만을 나열하지 않았다. 그는 자신의 관점과 접근법이 "논쟁적"임을 인정하면서도 "여러 접근법에 관해 불충분하게 대략 말하기보다는 내가 예수를 이해하는 대로 말하는 것이 최선"이라면서 자신이 세운 기준과 관점에 입각한 예수 초상을 그려낸다. 그러나 보컴이 그려낸 예수의 얼굴은 다른 학자들이 그려낸 역사적 예수의 여러 얼굴 중 어느 것

옮긴이의 말 | **231**

과도 크게 어긋나거나 상충하지 않으며, 도리어 그 모든 다채로운 예수상을 판별하는 좋은 기준이 된다.

역사적 예수를 재구성했다고 해서, 보컴이 자신의 설명을 랑케L. Ranke식의 '객관적 역사 서술'로 여긴다는 것은 아니다. 엄밀히 말해 보편적 확실성을 담보하는 역사 서술은 불가능하다. "역사는 사실을 단순히 모아놓는다고 해서 이루어지지 않으며 해석을 통해 구성"되기 때문이다. 누구도 부인할 수 없는 '진리'는 역사 서술의 영역에서는 찾을 수 없다. 다만 우리는 "숙련된 기술을 바탕으로 증거를 적절하게 다루어 정직하고 현명하게 그 사실을 설명"하는 "좋은 역사"를 가려낼 수 있을 뿐이다. 신약성서를 연구하는 전문 학자인 보컴은 나름의 기준을 설정하고, 신뢰할만한 자료를 바탕으로 역사적 예수의 삶을 충실히 재구성했다. 그런 의미에서 보컴이 그린 예수는 "좋은 역사 서술"이라고 평가할 수 있다.

보컴은 "예수를 어떻게 묘사하더라도 복음서가 묘사하는 복잡하고도 깊은 예수의 모습 중 한 측면만을 담아낼 수밖에 없다"며, 직접 자기 눈으로 복음서를 읽고 예수의 삶을 추적할 것을 권한다. 그는 예수가 어떤 인물인지 알기 위해 다른 고대 자료 문헌이나 이름난 학자의 저술을 뒤적이는 우리의 시선을 다시금 복음서로 돌린다. 물론 다른 사료를 살피고 전문 연구자들의 저술을 참조하는 것은 균형 잡힌 시각으로 복음서를 읽고 예수의 삶을 탐구하는 데 도움이 된다. 이 책, 『예수 – 생애와 의미』를 꼼꼼히 읽고 새기는 것은 그 시작이 될 수 있다.

2016년 7월,

김경민

| 그림 목록 |

1. Jesus, 4th-century catacomb fresco

2. Fragment of John's Gospel from c. AD 110
   ⓒ akg-images/www.BibleLandPictures.com

3. Inscription from Caesarea Maritima naming Pontius Pilate
   ⓒ Almay/www.BibleLandPictures.com

4. Map of Palestine at the time of Jesus
   ⓒ www.TheBibleJourney.org

5. Jesus heals a Haemorrhaging woman
   Rome, Catacombs of Sts Marcellinus and Peter. Photo ⓒ 2010 Scala, Florence

6. Model of 1st-century Jerusalem, with the Temple

7. Jesus as the Good Shepherd, 3th-century catacomb fresco

8. 'Alexamenos worships his God'(graffito from Rome, c. AD 200)
   Rome, Antiquarium of the Palatine. Photo ⓒ 2010 Scala, Florence, courtesy of the
   Ministero Beni e Att. Culturali

9. Garden of Gethsemane, Mount of Olives, Jerusalem
   ⓒ Tango7174/wikimedia.org

10. Ancient Jewish tomb
    ⓒ Todd Bolen/www.BiblePlaces.com

| 찾아보기 |

ㄱ

가나의 혼인 잔치Wedding at Cana 102

가리옷 유다(가룟 유다)Judas Iscariot 23, 181, 188

가족Family 15, 55, 57, 58, 95, 99, 121, 122, 139

간접적 의사소통Indirect communication 17, 105, 107, 108, 146, 158, 166, 167

갈릴래아(갈릴리)Galilee 32, 39, 44, 56, 57~59, 60, 79, 90, 98, 115, 179, 180, 181, 190

격언Aphorisms 59, 111~114, 125, 142

계약Covenant 122, 123, 137, 187, 188

공관복음Synoptics 40, 68, 77, 100, 101, 109, 113, 166~172

과월절(유월절)Passover 47, 181, 183, 186, 187

구전 역사Oral history 33

구전 전승Oral tradition 29, 33, 34

권위Authority 34, 35, 55, 109, 119, 120, 126, 135, 136, 139, 156, 158, 159, 164~166, 168, 170, 172, 179, 180

금식Fasting 86

기적Miracles 62, 63, 77, 79, 80, 101, 102, 160

ㄴ

나병 환자Lapers 76~79, 90

나자렛(나사렛)Nazareth 11, 57~59, 80, 139, 178, 200, 215

내러티브Narrative 24, 108~111, 185, 190, 192, 195, 210

노예Slaves 47, 49, 74, 88, 107, 116, 140, 141, 158, 159, 176, 186

니고데모Nicodemus 45

ㄷ

다윗 가문House of David 61, 160, 164

당나귀(를 타고 예루살렘에 입성)Donkey, riding into Jerusalem 107, 162, 181

ㄹ

레위인Levites 129, 130

로마Romans 12, 24, 27, 39, 44, 45, 47, 53~57, 61, 64, 65, 71, 83, 84, 131, 140, 146, 147, 160, 175~178, 180~183, 197, 198, 204

루가의 복음서(누가복음)Gospel of Luke 29, 34, 60, 93, 94, 123, 143, 144, 161, 170, 193

찾아보기 | **235**

ㅁ

마르코의 복음서(마가복음)Gospel of
Mark 29, 36, 38, 57, 60, 87, 120, 161,
189

마태오의 복음서(마태복음)Gospel of
Matthew 29, 57, 123, 136, 143, 150, 161,
170

막달라 마리아Mary Magdalene 94, 192,
193

맥락Context 8, 16, 27, 39, 97, 102, 144,
162, 206, 209

메시아Messiah 26, 32, 60, 61, 63~65, 77,
78, 87, 92, 94, 102, 155, 159~164, 167,
177, 181~183, 185, 198, 199, 204

메시아 신앙Messianism 60

명령Commandments 48, 108, 126~133,
137, 140, 156

모세Moses 32, 46, 47, 49, 55, 62, 63, 93,
117, 123, 125~127, 130, 132, 137, 159,
160, 165

목격자Eyewitnesses 8, 33~37, 39, 191,
192, 195, 213

목수(로서의 예수)Jesus as a Carpenter 32,
57, 58

목자의 비유Parable of the Shepherd 170

(예수의) 무덤Tomb of Jesus 24, 191, 192,
195, 196

민간 전승Folklore 30

ㅂ

바르티매오(바디매오)Bartimaeus 87, 88

바리사이인(바리새인)Pharisees 32,
51~56, 59, 65, 83~87, 106, 126, 133~135,
137, 171, 179, 180

바울Paul 121, 177, 194, 195, 204, 205,
207

베드로Peter 35, 36, 38, 161, 194

복음서Gospels 7, 8, 16~18, 21, 23~29,
31~40, 43, 45, 50, 52, 55, 57, 60, 61, 67,
68, 70, 73, 77, 79, 80, 84, 87~91, 93, 94,
96, 99~102, 113, 114, 119, 120, 123,
136, 143, 144, 150, 161, 165~172, 176,
180, 183, 184, 189, 190, 192~194, 199,
200, 205, 208~210, 213, 216~218

본티오 빌라도(본디오 빌라도)Pontius
Pilate 44, 180, 182, 183

부활Resurrection 24~26, 194~197, 199,
200, 203, 207, 210

비유Parables 57, 59, 71, 81, 85, 99,
105~114, 118, 129, 130, 134, 148~150,
158, 166, 168~170, 184, 204

빚과 죄Debt and sin 150

ㅅ

사도행전Acts of the Apostles 204

사두가이인(사두개인)Sadducees 52, 55,
180

사마리아인Samaritans 90, 110, 115, 129,
130, 134

236 | 예수

사해 사본Dead Sea Scrolls 15, 39, 54, 61

사회적 관계Social relationships 77, 138

사회적 지위Social status 90, 91, 141

산상 수훈Sermon on the Mount 136

삼위일체(교리)Doctrine of the Trinity 209

성육신 교리Doctrine of the Incarnation 15, 208~210

세금Tax 44, 45, 55, 56, 83

세례Baptism 63~65, 77, 78, 81, 82, 86, 92, 106, 158, 162, 179, 184

세례자 요한John the Baptist 63, 77, 78, 81, 82, 86, 92, 158, 162, 179, 184

세리Tax collectors 82~86, 89, 90

세포리스Sepphoris 58, 59, 115

쉐마Shema 48, 128, 197

시몬느 바 코흐바Simon bar Kokhba 198, 199

신성모독Blasphemy 164, 171, 183

신정정치Theocracy 54, 60, 146

십계명Ten Commandments 49, 56, 95, 119, 133

십자가 처형Crucifixion 15, 24, 119, 175~178, 183, 190, 196~199, 208, 210

ㅇ

아람어Aramic 36, 88, 120, 121, 123, 124, 190, 207

아바Abba 115, 120~125, 159, 207, 208

아버지(하느님)God as Father 26, 69, 70, 109, 115, 118~124, 138, 139, 147, 159,

167, 168, 185, 189, 207, 209

아브라함Abraham 47, 87, 123

아키바(랍비)Aquiva, Rabbi 197~199

악령Demons 74, 90, 98, 156~158

안식일Sabbath 52, 53, 129, 133~136, 191, 192

야곱Jacob 87, 123

양식비평Form criticism 29, 30, 32, 33, 35

어린이(아이)Children 50, 58, 81, 99, 107, 120, 139~143

에세네파Essenes 32, 52, 54~56, 61, 126, 134

엔도 슈사쿠Endo Shusaku 197

여성Women 58, 94, 95, 114, 190~193

역사적 예수Historical Jesus 7, 8, 18, 31, 32, 38, 213~215, 218

연민Compassion 79, 80, 81, 92, 99, 115, 119, 122, 124, 147, 186

열두 지파Twelve tribes of Israel 92, 93, 165

영원한 생명Eternal life 100~102, 168, 170

영지주의 복음서Gnostic Gospels 23~28

예레미야Jeremiah 137, 188

예루살렘Jerusalem 39, 44, 46, 47, 56, 59, 60, 77, 87, 89, 94, 96, 107, 114, 151, 152, 162, 163, 179~181, 194, 203, 205

예루살렘 성전Temple in Jerusalem 39, 46, 77, 205

예언Prophecies 49, 65, 72, 78, 79, 80, 92,

찾아보기 | **237**

97, 98, 137, 138, 162, 163, 184

YHWH(우리가 보통 '야훼'라 지칭하는 하느님의 신성한 네 글자 이름) 48, 49, 117, 123, 124

요세푸스Josephus 52, 55, 56

(예수의 아버지) 요셉Joseph, father of Jesus 57, 58

요안나Joanna 90, 94

요한의 복음서(요한복음)Gospel of John 23, 29, 39, 40, 60, 99, 100~102, 113, 114, 166~172, 180, 200, 205, 208

용서할 줄 모르는 종의 비유Parable of Unmerciful Sevant 148

유다(갈릴래아 사람)Judas the Galilean 56

유다(예수의 형제)Judas, brother of Jesus 58

유대교 당파Jewish Parties 27, 51, 52, 55, 56, 65, 126, 136, 148

은유Metaphors 105

이방인Gentiles 50, 53, 90, 98, 99, 134, 177~179

이사악(이삭)Isaac 87, 123

이사야Isaiah 78, 185~187

일신론Monotheism 48, 206

ㅈ

자료Sources 2, 8, 18, 21~23, 28, 29, 31, 32, 34~36, 38, 41, 58, 172, 199, 216, 218

자캐오(삭개오)Zacchaeus 84

(예수의) 장례Burial of Jesus 191, 192

정결Purity 50, 51, 53, 65, 83, 84, 129, 131, 133, 134

정황Context 39, 140, 197

제자Disciples 24, 26, 33, 40, 64, 69, 72, 73, 78, 86, 90~98, 106, 107, 113, 114, 120~123, 132, 134, 135, 138~141, 145, 146, 148, 158, 161, 162, 165, 181, 187, 190, 191, 193, 194, 197, 198, 200, 203, 206~208

젤롯Zealots 55

죄Sin 50, 61, 64, 72, 82~86, 90, 92, 132, 150, 154, 156, 157, 164, 171, 176, 182, 183, 185, 187

(예수의) 죽음Death of Jesus 17, 24, 28, 94, 102, 155, 161, 163~165, 175, 178, 179, 181, 184, 185, 187~191, 193, 194, 196~200, 203, 204, 207, 209, 210

즈가리야(스가랴)Zechariah 163

ㅊ

창녀Prostitutes 84, 86, 90

초기 그리스도교 운동Early Christian movement 87, 194, 199, 205

최후의 만찬Last Supper 188

최후의 심판Last Judgment 166

축귀Exorcisms 32, 73~75, 93, 156~158, 160, 162

출애굽Exodus 47, 56, 62, 93, 123, 159, 165, 181, 186, 188

치유Healing 59, 72, 73, 75~77, 79~81, 89~93, 97, 101, 102, 134, 135, 147, 160,

162, 186, 196, 208

ㅌ

탕자Prodigal Son 110, 111

토라Torah 32, 48~55, 59, 86, 108, 115, 125, 126~130, 132, 136, 137, 179, 198

토마의 복음서Gospel of Thomas 28

티베리아(디베랴)Tiberias 59, 115

ㅍ

파피아스(히에라폴리스의 주교)Papias, bishop of Hierapolis 35, 36

팔레스타인Palestine 16, 27, 31, 38, 39, 43, 44, 46, 51, 52, 54, 60, 88, 108, 133

팔복Beatitudes 143

포도원 비유Parable of the Vineyard 158, 166, 168, 184

ㅎ

하느님 나라Kingdom of God 68~73, 75, 79, 86, 87, 91~93, 95~97, 99~101, 105~107, 109, 111, 116, 118, 122, 125, 137, 139~144, 151, 158, 160, 165, 169, 170, 188, 197, 198, 203, 206

하느님의 이름Name of God 48, 117, 157, 180

하느님의 통치Rule of God 67~73, 96, 115, 137, 138, 141, 146, 147, 164, 165, 170

헤게시푸스Hegesipus 58

헤로데 안디바스(헤롯 안디바)Herod Antipas 44, 59, 64, 83, 94, 115, 179, 180, 184

헬라어Greek 36, 57, 60, 120, 121, 124, 156, 171, 207

희생제의Sacrifice 146, 187

예수
— 생애와 의미

초판 1쇄 | 2016년 7월 27일
2쇄 | 2019년 4월 8일

지은이 | 리처드 보컴
옮긴이 | 김경민

발행처 | 비아
발행인 | 이길호
편집인 | 김경문
편 집 | 민경찬 · 양지우
제 작 | 김진식 · 김진현
재 무 | 장무창 · 강상원
마케팅 | 이태훈 · 방현철
디자인 | 손승우

출판등록 | 2009년 3월 4일 제322-2009-000050호
주 소 | 서울시 성동구 성수동2가 281-4 푸조비즈타워 5층
주문전화 | 010-9217-4313
팩 스 | 02-395-0251
이메일 | innuender@gmail.com

ISBN | 978-89-286-3677-8 03230
한국어판 저작권 ⓒ 2016 ㈜타임교육

* 이 책이 출판될 수 있도록 후원해주신 성공회 독서운동 후원자분들께 감사를 드립니다.
* 값은 뒤표지에 있습니다. 잘못된 책은 구입하신 곳에서 바꾸어 드립니다.
* 비아는 ㈜타임교육의 단행본 출판 브랜드입니다.